自分で“勝ち馬”を探せるようになる

改訂新版

究極の競馬ガイドブック

JRAビギナーズセミナー講師
長谷川雄啓

日本文芸社

はじめに

「競馬をやってみたいって人、こんなにいるんだ…」。

競馬場で行っている『ビギナーズセミナー』をはじめ、競馬初心者向け講座の講師を、長年務めてきて、感じたことです。

まさに老若男女。競馬業界の施策やテレビコマーシャルの効果もあってか、最近、特に強く思うようになりました。

でも、既存の教本を開くと、そこには専門用語がズラリ。まるで家電の取り扱い説明書みたいに、懇切丁寧。もれがあってはいけないからと、あれもこれも、初心者には不要なものにまで、すべてに解説がついている。

それ、読みたいですか？

競馬は扉を開けてあげるだけで、あとは自然と順を追って覚えていくもの。ただし、最初の一歩が、「つまらない」、「わからない」だと、扉はパタンと閉まってしまいます。ましてや「当たらない」が加わると、財布の中から、無駄にお金が出ていくだけですもんね(笑)。

でも、「意外と初めてでも、予想って出来るんだ」と思ってもらえれば、仮に馬券が当たらなかったとしても、ゲームとしての競馬は面白いものになります。

馬券は宝くじと違って、“当たりは必ずこの中にある”。

あなたの家の最寄り駅の改札口前に、小さな宝くじ売り場があって、いかにも福のありそうなおばちゃんと目が合った。

「あれ？　これは神様が宝くじを買えって言ってるんじゃない？」。

財布を見れば、中に1000円札が３枚。

「あのぉ、ジャンボを連番で10枚…」。

すると、おばちゃんが、ニコニコ笑顔で後ろの棚を指し、「１から10のどれがいいですか？」。あなたは考えます。

「う〜ん、ラッキーセブンの７かなぁ。待てよ、末広がりの８かも…」。

でもね、１等の数億円は、全国で数本。ゼロとは言いませんよ。でも、その売り場の中に１等がある可能性は、かなり低いと思ったほうがいい。つまり、ハズレくじの中から、一生懸命、迷って選んでる可能性が高いんですョ。

じゃあ競馬はどうかと言えば、出走してきた馬の中に、必ず１着、２着、３着がいるのです。

“当たりは、必ずこの中にある”。これが、宝くじとの大きな違いなんですね。あ、そう言いながら、ボクも毎年、様々な宝くじ、買ってるんですけど(笑)。

必ず当たりがあるから、誕生日で馬券を買っても、ラッ

キーナンバーで買っても、名前がカワイイで買っても、当たる時は当たる。でも、毎回は当たらない。そうなると、だんだんつまらなくなっちゃう。大切なお金を賭けるのですから、きちんとした論拠を持って、馬券を買いたいですよね。

そうすれば、当たればもちろんですが、ハズしても、「何が違ったんだろう」と考える。それが、ステップアップにつながっていくのです。

その予想に必要不可欠なのが「競馬新聞」。

その競馬新聞の読み解き方を、まずは“もれいっぱい？”に説明していきます。

「ここさえわかれば、予想が立てられる」。

第１章では、それを解説したいと思います。

もちろん、それだけではこの本を買っていただいた価値がありませんから、その後の章では、一歩踏み込んだ予想法も伝授。馬と人との、興味深いお話も出来ればいいなと思ってます。

「いやぁ、競馬って面白いんですね！」。

ボクの競馬初心者講座を受けた人の多くが、そう言って、教室をあとにしてくれます。

この本を手に取って下さったあなたが、ワクワクしながら、週末の競馬場に向かう姿を楽しみに！

さて、2020年４月に出版した『究極の競馬ガイドブック』も、お陰さまでたくさんの方に読んで頂き、増刷を重ねてきました。

４年の歳月が経ち、「このあたりで改訂版を出しませんか？」という提案が出版社からあり、基本は前作を踏襲しながら、サンプル等、刷新する部分は差し換える形で、改訂版を出版する運びとなりました。

この本の中には、何ヶ所かQRコードが出てきます。スマホを片手に動画やHPを見ながら読み進めてみてください。ちなみに最初のQRコードはボクからのメッセージです。

２０２４年７月　長谷川雄啓

自分で"勝ち馬"を探せるようになる

改訂新版　究極の競馬ガイドブック

CONTENTS

第1章 競馬の基本 予想の入口

第2章 競馬新聞をもっと読む

第3章 長谷川流パドックの見方

CONTENTS

第4章 調教・血統 矯正馬具とは？

第5章 長谷川流予想で 馬券的中！

9
1

CONTENTS

第6章 まだある競馬の楽しみ方

COLUMN

これであなたも競馬通

COLUMN

究極の競馬ガイドブック

競馬基礎講座

第1章

競馬の基本
予想の入口

ステップアップのための様々な競馬知識

知識をたくわえたら

ホップ
第2章
競馬新聞をもっと読む

ステップ
第3章
長谷川流パドックの見方

ジャンプ
第4章
調教・血統矯正馬具とは?

一度読み終えて再び読み返したいと
思った時のための本書のフローチャート

読み方フローチャート

いざ実戦へ！

第5章

長谷川流予想で馬券的中！

赤ペンと競馬新聞を持って

P.186～P.197
繰り返し読んで身につけましょう

P.198～P.234
過去のレース予想を見てみよう

まだまだ尽きることのない馬の魅力

第6章

まだある競馬の楽しみ方

・QR コードを読み取っての動画閲覧は予告なく終了する可能性がございます。ご了承ください。
・QR コードは株式会社デンソーウェーブの登録商標です。

第1章

競馬の基本　予想の入口

ここでは、「競馬とは何か」「馬券の種類」「競馬新聞を読み解く3つのポイント」「マークカードの塗り方」などについて、お話をしていきます。
競馬初心者のあなたでも、自分で予想が立てられるようになるための“基礎講座”です。
楽しみながら、読み進めて下さい!

競馬とは？馬券とは？

競馬を馬券で説明すると、“3着までに入る馬を当てましょう”というゲーム。3着までに来ることを、**“馬券に絡む”**とか**“馬券圏内に来る”**と言います。

頑張った馬に対し、こんな表現も申し訳ないのですが(笑)、勝った馬を“主犯”、2着、3着に来た馬を“共犯者”だとしましょう。彼らは、犯人だから隠れたがる。でも犯人は、必ず出走している馬の中にいます。競馬新聞に書かれた、意味のわからない数字や記号は、犯人を探し出すための証拠であり、アリバイなんですね。

上手く隠れているから、隅々まで突っついてやると、「へへぇ、バレちゃいましたか…」と名乗り出てくる。見事、犯人を見つけると、「よく、こんな難解な犯人探しを解き明かしましたね」と、“WANTED”よろしく、JRAから報奨金が出る。そんな推理ゲームが、1日、1つの競馬場で12個組まれている。そう考えると、競馬って、イメージしやすくなりませんか？

だから、競馬新聞はとても大切なんです。キチンと証拠とアリバイを精査して、自分なりの確証を持って挑む。そのための大切な捜査資料が、競馬新聞なのですから。

馬券は、みんなが賭けたお金を当たった人で分配します。

人気の馬が来れば、**配当**は低い。逆に、人気の馬が来なかったり、人気薄の馬が来れば、配当は高くなる。

「みんな、この馬が強いと思ってるみたいだけど、本当に強いのだろうか…」。そう疑問に感じたなら、他の馬に目を向けてみる。

「誰も来るとは思っていないようだけど、可能性はあるんじゃないか？」。そう思った馬がいたなら、思い切って穴に狙ってみて下さい。

これであなたも
競馬通

「穴とは？」

出走馬の中で馬券を買われている割合の低い、人気薄の馬のことを“穴馬”と言い、その穴馬が馬券に絡むことを「穴を開ける」と言います。

“穴党”とは、常に高配当を狙って、穴馬を入れた馬券を買う人のこと。

逆に“本命党”とは、配当は低くても、人気の馬を中心に馬券を組み立てる人のことを言います。

１番人気が勝つ可能性は、大体33％と言われます。「３回に１回勝つ」と思うか、「３回に２回は負ける」と思うか。実は、どちらも“真”。表から見るか、裏から見るかで、捉え方は変わります。その見方は、あなた次第なのですから。

ちなみに競馬新聞とは、馬券の予想に必要な情報のあれこれが掲載された競馬の予想紙で、“競馬専門紙”とも呼ばれます。

競馬専門紙以外にも、一般のスポーツ紙や、タブロイド版の夕刊紙にも競馬面はありますが、“専門紙”というぐらいですから、価格も550円と、スポーツ紙や夕刊紙の３倍以上。データもその分、豊富です。

今では、スポーツ紙、夕刊紙の競馬面もかなり充実していますが、全12レースのうち、下級クラスの馬が走る前半のレースの情報量に差があるように感じます。

各競馬新聞に所属して取材をする人を“トラックマン”と言い、調教をチェックする調教班、厩舎（きゅうしゃ）関係者のコメントを取りに行く想定班などに分かれ、それぞれの役割を分担。予想が当たれば読者からの支持も増え、人気のトラックマンとして、テレビやラジオの競馬番組にも出演するようになります。

競馬新聞を選ぶ側も、見やすさはもちろんですが、お気に入りのトラックマンや競馬評論家の予想が見たくて、どの競馬新聞にするかを決めることもあるようです。

競馬新聞は、早いところだと、競馬開催日前日のお昼ぐらいには駅の売店に、また夕刊紙と一緒に、前日の夕方には、コンビニエンスストアの店頭に並ぶよう。もちろん、地域によって差はあります。

最近は“ペーパーレスの時代”と言われますが、それでもあれやこれやと書き込むことが多い競馬予想。『競馬新聞＋赤ペン』のセットは、黄金コンビ！必需品と言えそうです。

では、次のページで実際の競馬新聞を見てみましょう。

これであなたも
競馬通

【JRA】

ＪＲＡは、日本中央競馬会（にっぽんちゅうおうけいばかい）＝Ｊａｐａｎ Ｒａｃｉｎｇ Ａｓｓｏｃｉａｔｉｏｎの略称。農林水産大臣の監督下にあり、政府が資本金の全額を出資する特殊法人です。

それまで行われていた国営競馬を引き継ぐ形で、1954年9月に日本中央競馬会が設立されます。初代理事長は安田伊左衛門（やすだいざえもん）氏。

定款の第1章の第1条に、「本会は競馬法（昭和23年法律第158号）に基づいて中央競馬を行い、もって競馬の健全な発展を図って馬の改良増殖その他畜産の振興に寄与することを目的とする。」とありますが、平たく言えば、“国の管理下で、国民のレジャーとしての中央競馬を主催、運営する団体”ということになります。

2023年11月26日ジャパンカップ当日の競馬専門紙「日刊競馬」1面

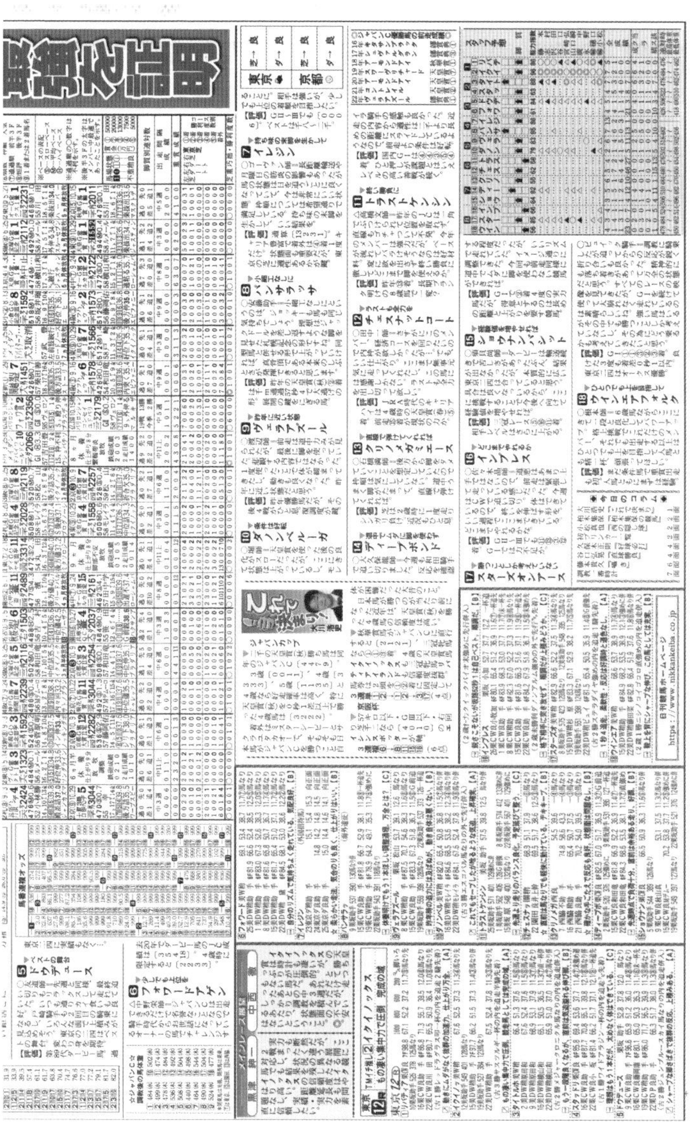

競馬記者が予想した出走馬の力関係

では、まず新聞に書かれている予想の印から説明していきましょう。

◎ にじゅうまる	ほんめい 本命	一番強いだろうと思う馬に打つ印。 一番好きな人のことを「本命の彼、彼女」なんて言い方で使いますよね。
○ まる	たいこう 対抗	◎の最大のライバル。 本命に“対抗”し得る存在。
▲ くろさんかく	たんあな 単穴	後述しますが、勝ち馬を当てる馬券を単勝馬券と言います。その“単の穴”。○を負かすどころか、◎をも負かしちゃうかもよ、という３番手。

この◎、○、▲の３つの印は、“勝つ可能性がある”という意味が含まれた、重たい印。予想をする人も、１人１頭ずつしか打てません。

「今日はメチャメチャ強い馬が２頭いるから、◎は２頭だ」とは出来ないということ。序列を付けて、◎、○、▲は１人１頭ずつとなります。

△ しろさんかく	れんあな　ふくあな 連穴、複穴	２着や３着に来る可能性のある馬に打つ印。たくさんの出走馬がいれば、２、３着に来そうな馬は何頭かいるでしょうから、△は複数頭打っていいことになっています。

その他、◬、☆、×、注などは、競馬新聞によって意味合いが違ったりもしますが、▲と△の間、あるいは△の下に来る印。×は“いらない”という意味ではありません。何かしら印が付いていたら、馬券に絡む可能性があるということだと、覚えておいて下さい。

だから、競馬新聞を開いた時、予想の欄の上から下まで、ズラリと◎、○、▲が並んでいたら、「世の中は、この馬が勝つと思っているんだな」と。逆に印が無かったり、△が１つ、２つなら、「みんな、この馬は来ないと思ってるのか」と思って下さい。

つまり、競馬新聞の予想欄は人気のバロメーター。世間の評価を表す、ひとつの基準として見ることが出来ます。

そこで、本命党は重たい印のたくさん付いている馬を狙う。逆に、穴党は逆らって、本命馬の死角を探し、人気薄の可能性を探る。どちらにするかは、あなたが自身が決めることなのです。

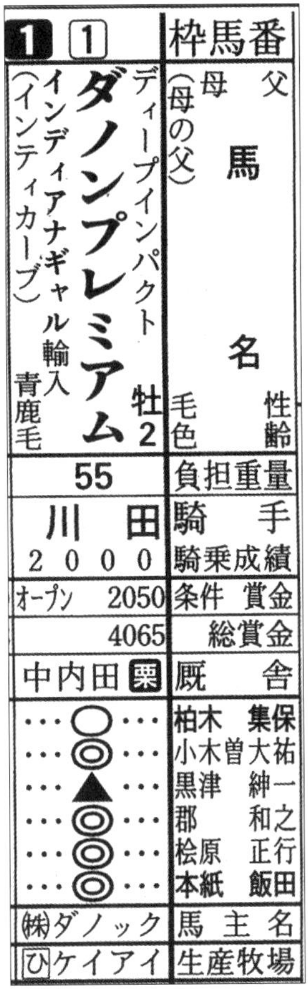

枠馬番
1 1
父 ディープインパクト
母 インディアナギャル輸入
(母の父) (インティカーブ)
馬名 ダノンプレミアム
性齢 牡2
毛色 青鹿毛
負担重量 55
騎手 川田
騎乗成績 2000
条件 賞金 オープン 2050
総賞金 4065
厩舎 中内田 栗
柏木 集保 ○
小木曽大祐 ◎
黒津 紳一 ▲
郡 和之 ◎
桧原 正行 ◎
本紙 飯田 ◎
馬主名 ㈱ダノック
生産牧場 ひ ケイアイ

馬券の種類

ＪＲＡでは、どんな馬券が売られているのでしょう。その馬券の種類について、説明していきます。

本来でしたら、“出馬表”といって、馬の名前や、成績、実績などが書かれたものがあるのですが、ここではわかりやすく、イラストで馬が 18 頭。現在、18 頭は最も多い出走頭数になります。

出走する 18 頭のそれぞれに、１から 18 までの、固有の番号、“馬番号（うまばんごう）（馬番（うまばん））”が与えられます。

さらに、９頭以上出走してきた時は、必ず８つの“枠”に分けます。なぜ分けるのかというと、枠で馬券を買う、“枠連”というのがあるから。これは、後ほど説明します。

でも、18 頭を８つの枠に分けると言っても、18 は８では割り切れない。じゃ、どうするかと言うと、外からたくさん入れていくんですね。

８枠に３頭、７枠に３頭、６枠から１枠までを２頭ずつにして、18頭が８つの枠に入ります。

で、それぞれの枠が色分けされていますよね。これは“帽色”といって、「この枠の馬に乗る時、騎手は必ずこの色の帽子を被る」というのが決まっています。競馬をやっていくうちに、自然と覚えていくものですが、なるべく意識して覚えるようにして下さい。

4		3		2		1		枠番号
8	7	6	5	4	3	2	1	馬番号

ここでは、１着が黄色の帽子“５枠９番”、２着が青の帽子“４枠８番”、３着が白の帽子“１枠１番”の着順で、説明していきます。

まずは **１頭**を当てる馬券から。

単勝【たん・しょう】

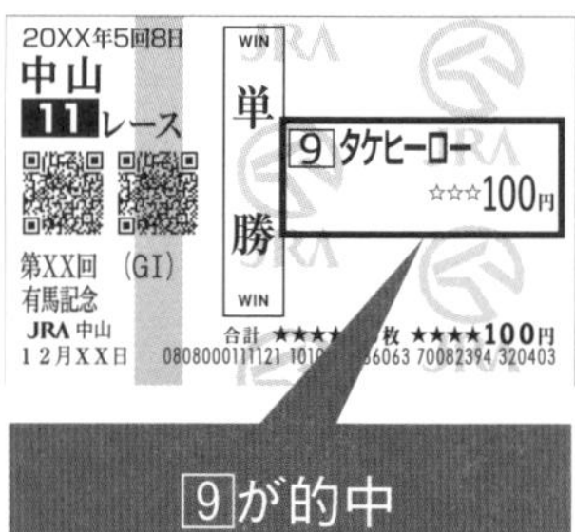

「勝ち馬を当てる」馬券。この場合、９が的中となります。

18頭のうち、１頭だけが当たりですから、単純に確率論で言うと、１／18で当たります。

複勝【ふく・しょう】

「選んだその馬が、3着までに入れば当たり」という馬券。

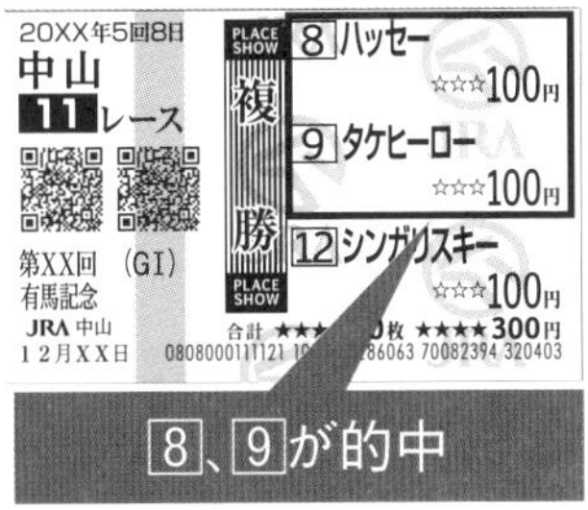

この場合、９も、８も、１も当たりです。

当たりが３つあるということは、確率論で言えば、18分の３で当たります。単勝より３倍当てやすい。でも、世の中は上手く出来ていて、**３倍当てやすい**と、**配当は約１／３**になっちゃう。

例えば、「単勝９番、450円」なんてアナウンスがあると、「複勝９番、150円」ぐらいになってしまいます。つまり、単勝を100円買って当たれば450円の払い戻しですが、複勝だと払戻しが150円しかないということです。

単勝が10倍を超えると、まずまずの穴馬ですが、複勝はその**１／３**。推して知るべしです。

なお、７頭立て以下の時、複勝は２着までが的中となります。

ちなみに単＋複というのは、単勝と複勝を同じ金額いっぺんに買える馬券。右肩に『がんばれ！』の文字が入ることから、**“がんばれ馬券”**とも呼ばれます。

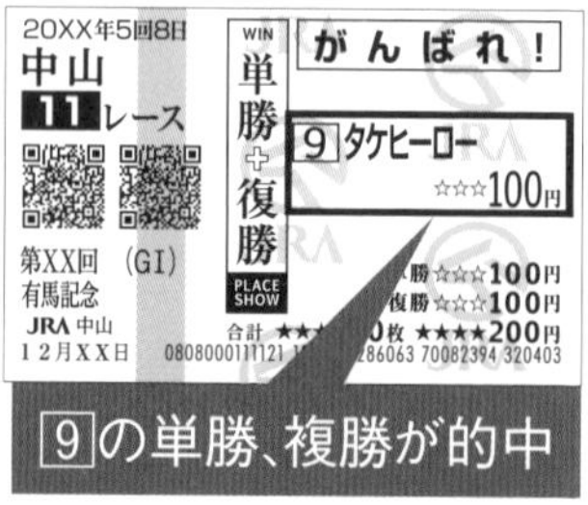

100円買うと、単複100円ずつ、200円。塗った金額の倍になります。ご注意を。

次に、**２頭**または**２つ**を選ぶ馬券です。

馬連【うま・れん】

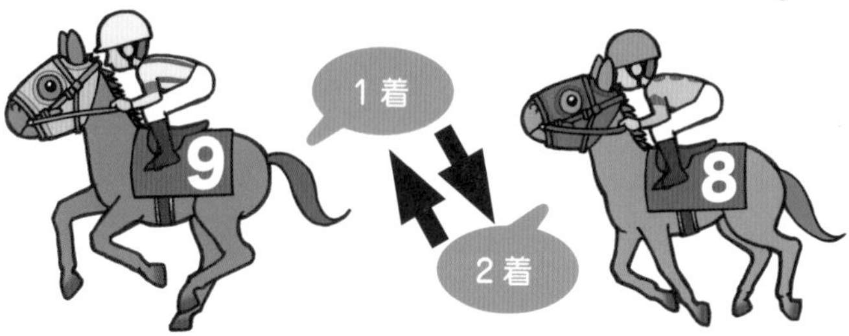

「1着と2着の組み合わせを当てる」という馬券。 組み合わせですから、着順はどちらでも構いません。

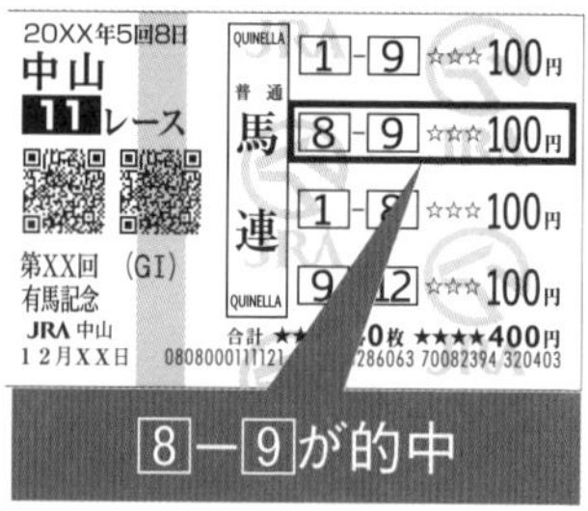

20XX年5回8日
中山
11レース
第XX回 (GI)
有馬記念
JRA 中山
12月XX日
QUINELLA
普通
馬連
1-9 ☆☆☆100円
8-9 ☆☆☆100円
1-8 ☆☆☆100円
9-12 ☆☆☆100円
★★★★400円
8－9が的中

この場合、当たりの目は8-9となり、もし8番が1着で、9番が2着でも、馬連の8-9は的中です。

馬単【うま・たん】

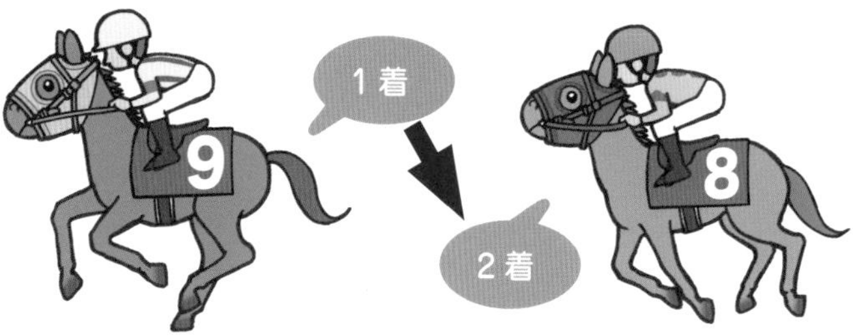

「1着と2着を着順通りに当てる」馬券。着順通りにズバリですから、9→8は当たりですが、8→9はハズレとなってしまいます。

従いまして、馬単は馬連の**約2倍の払い戻し**が期待出来ます。

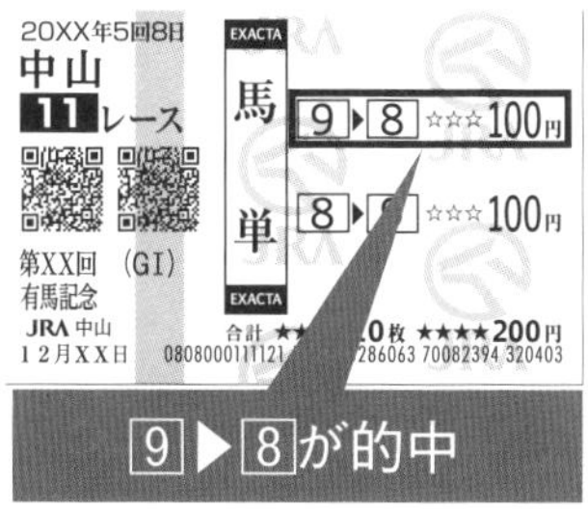

ワイド【わいど】

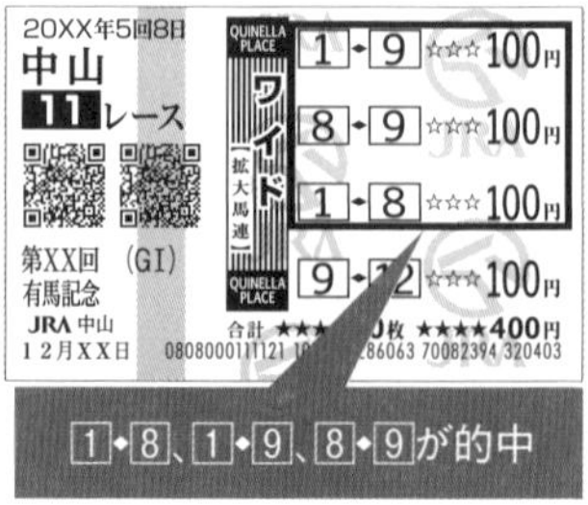

「選んだ2頭が、2頭とも3着以内に入れば当たり」という馬券。

つまり、1着2着の8-9は、もちろん当たり。1着3着の1-9も当たり。勝ち馬をハズした、2着3着の1-8も当たりとなります。

当たりが3つあるということは、単勝と複勝の関係性同様、ワイドは何かの1／3になる。何の1／3になるかと言うと、ワイドの払い戻し金額は、**馬連の約1／3**になると思って下さい。

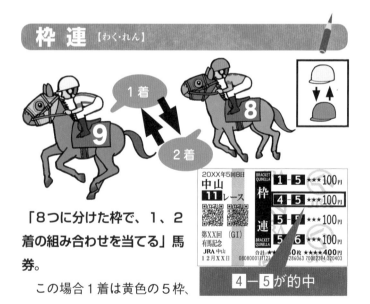

枠 連【わく・れん】

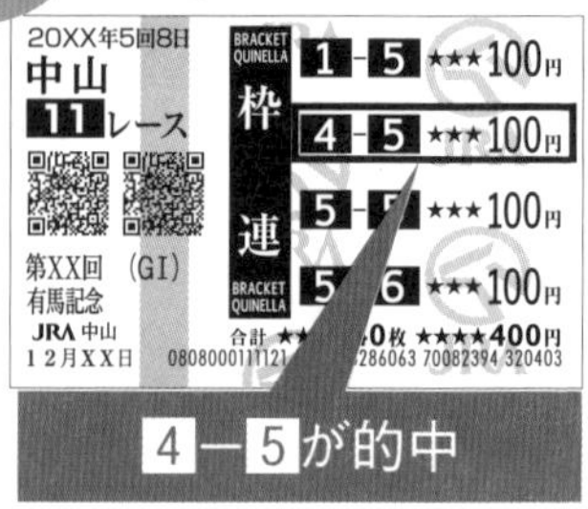

「8つに分けた枠で、1、2着の組み合わせを当てる」馬券。

この場合1着は黄色の5枠、

２着は青の４枠ですから、当たりの目は4−5となります。

でも、５枠にもう１頭、10番の馬がいますよね。10番を狙って５枠を買ったのに、10番は早々に下がっていっちゃった。「もうダメか…」と諦めかけていたら、９番がスルスルっと伸びてきて、１着に。それでも、同じ黄色の帽子ですから、4−5は的中となる。つまり、代用品がいるということ。あなたが狙っていなかったほうの馬であっても、同じ枠なら当たりとなるんですね。

ですから枠連はチーム戦だと思って下さい。白チームからピンクチームまで８つあるチームのなかで、黄チームと青チームが１着と２着なら当たり。代用品がいる分、配当は馬連より小さくなるのが通常です。

また、同じ枠の馬同士で１、２着の場合は、“ゾロ目（揃い目）”となります。もし、９番が１着、10番が２着なら、5−5が当たりです。

いよいよ、**３頭**の馬を当てる馬券です。

3連複【さん・れん・ぷく】

「1、2、3着の組み合わせを当てる」という馬券。

組み合わせですから、着順は関係なく、「上位3頭は、この馬とこの馬とこの馬」という馬券です。

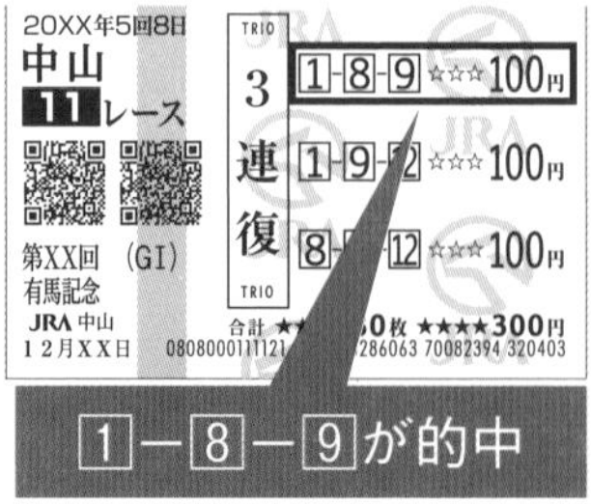

1－8－9が的中

この場合、馬番の小さいほうの数字から、1－8－9が的中です。

3連単【さん・れん・たん】

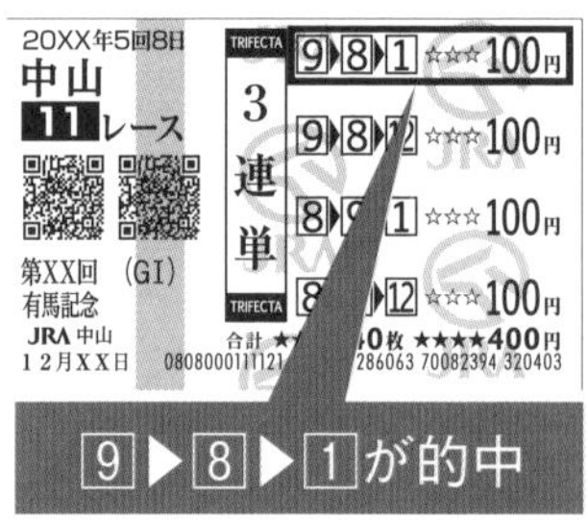

9▶8▶1が的中

「1、2、3着を、着順通り、ズバリ当てる」という馬券。

当たりは9→8→1となります。

じゃ、「この3頭の組み合わせって、何通りあるの？」というと、

1→8→9、1→9→8、8→1→9、8→9→1、9→1→8、9→8→1と、全部で6通りあります。

この中のひとつだけが的中。従いまして、3連単は、3連複の**約6倍の払い戻し**が期待出来ます。破壊力は抜群です。

ここまで読んで、気付いた方もいらっしゃるかと思いますが、馬券に**“単”**と付いていたら、**“着順にこだわる”**と覚えておいて下さい。

単勝は勝ち馬のみ。馬単は1、2着を着順通り。3連単は1～3着を着順通りに当てる馬券。

馬券に“単”とついていなければ、順不同です。

予想が出来たら、どの馬券で買うか。複勝は最も当てやすいけど、配当は低い。3連単は払い戻しは大きいけれど、当てるのはムズカしい。

そこで、あなたのセンスが試されると言っても過言ではありません。

あまり欲をかかないように(笑)。ビギナーにお勧めの馬券は、次の項でお話ししたいと思います。

ビギナーにお勧めの馬券

数多ある馬券の種類から、一体何を選んだらいいのか？

競馬初心者講座で、ボクは、まず**ワイド**を勧めるようにしています。

今の時代、馬券の主流は馬連でしょう。ただし、上位２頭を選ぶのは至難のワザ。でも、ワイドというのは、１頭間違えていい馬券なんですね。

どういうことかと言うと、例えば競馬場で、隣りのオジサンが、どうやら１－９の馬連を持っているよう。

９番の馬が先頭で、次に１番の馬が走っています。

「よし、そのまま！そのまま！」。

大きな声で叫んでます(笑)。

ところが、最後の最後に８番が追い込んで来て、１番を交わして、２着でゴールイン。

「なんだよ～、１番と９番でいいのにねぇ」と、悔しそうな顔で話し掛けられ、「ですよねぇ」と言いながら、ボクは１－９をワイドで持っていれば、１着３着で当たりなんです。

「おいおい、９番が勝つなんて、誰も思わないよ。ねぇ、お兄さん」と言われた時も、１－８をワイドで持っていれば、２着３着で当たりなんですね。

そう、１頭間違えてもいいんです。

ワイドは、馬連の約３分の１の払い戻しになると言いました。それでも、馬連の配当は、単勝と違って、数千円の払い戻しが、ちっとも珍しくありませんから、その３分の１でも、結構な金額になる。１頭間違えてよくて、そこそこの配当なので、ビギナーにはよく勧めるし、自分でもよく買ってます。

競馬場のモニターで、配当を確かめてみて下さい。もちろん、激安の時もありますが、「へぇ～、こんなにつくんだ」というのが、きっとわかると思います。

１着３着や、２着３着に救われた、なんて経験も、早々に出来るはず。ワイドはお勧めです。

これであなたも
競馬通

『日本（にっぽん）ダービー』

正式名称は「東京優駿（ゆうしゅん）」。５月末、または６月上旬に行われる、３歳馬によるＧⅠ（じーわん）競走で、芝2400ｍで争われます。

イギリスの「ダービーステークス」に範をとり、1932年に、第１回「東京優駿大競走」が行われ、1950年には「日本ダービー」の副称が付けられ、今日に至ります。

皐月賞、菊花賞と共に、３歳馬の“三冠競走”のひとつですが、日本ダービーに関してだけは、勝てば、騎手は“ダービージョッキー”、馬主は“ダービーオーナー”、調教師は“ダービートレーナー”と称される特別なレース。

「すべてのホースマンの夢」とまで言われる“競馬の祭典”。それが日本ダービーなのです。

9
8
1

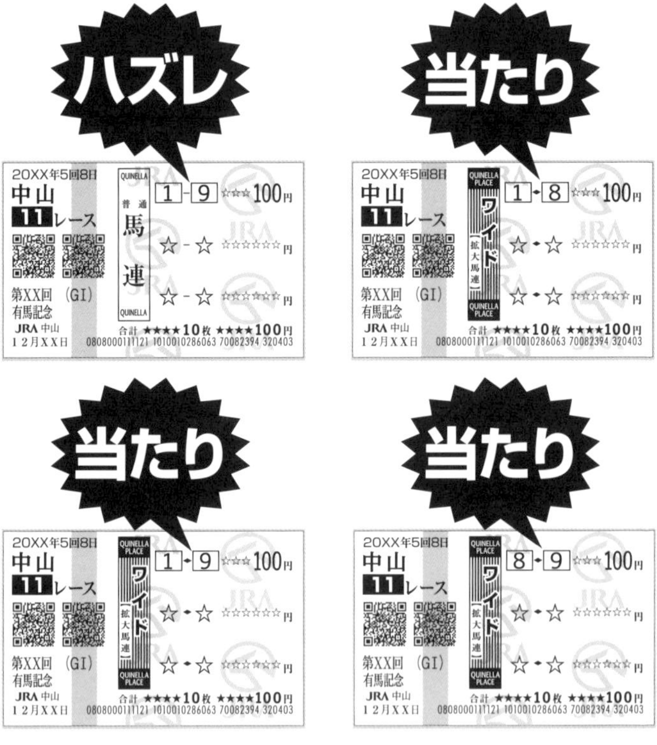
ハズレ
20XX年5回8日
中山
11レース
QUINELLA
普通
馬連
QUINELLA
1 - 9 100円
第XX回 (GI)
有馬記念
JRA 中山
12月XX日
合計 10枚 100円
0808000111121 1010010286063 70082394 320403
当たり
20XX年5回8日
中山
11レース
QUINELLA PLACE
ワイド
拡大馬連
1 ◆ 8 100円
第XX回 (GI)
有馬記念
JRA 中山
12月XX日
合計 10枚 100円
0808000111121 1010010286063 70082394 320403
当たり
20XX年5回8日
中山
11レース
QUINELLA PLACE
ワイド
拡大馬連
1 ◆ 9 100円
第XX回 (GI)
有馬記念
JRA 中山
12月XX日
合計 10枚 100円
0808000111121 1010010286063 70082394 320403
当たり
20XX年5回8日
中山
11レース
QUINELLA PLACE
ワイド
拡大馬連
8 ◆ 9 100円
第XX回 (GI)
有馬記念
JRA 中山
12月XX日
合計 10枚 100円
0808000111121 1010010286063 70082394 320403

もうひとつ、ビギナーには、**枠連**もお勧め。

間違えていいという意味では、同枠の代用品もそうですが、こちらは観戦用にお勧め。

競走馬は体が大きいので、重なり合っちゃうと、ゼッケンが見えない。すると、「自分の買ってる馬は、一体どこを走ってるの？」なんてことになっちゃう。

でも、枠連で買っていれば、帽子の色だけ見てればいい。

「黄色と青！　黄色と青！　白はいらないっ」みたいな(笑)。競馬初心者も、ゴール前で興奮出来ること、請け合いです！

これであなたも
競馬通

『有馬記念（ありまきねん）』

毎年12月に、中山競馬場で開催されるＧⅠ競走。

芝2500ｍのレース。

第１回は1956年。当時の日本中央競馬会の理事長だった有馬頼寧（ありまよりやす）氏が、「暮れの中山にも大レースを」と提案し、ファン投票で出走馬を選出する「中山グランプリ」を開催。

その斬新なアイデアが功を奏し、レースは大いに盛り上がったのですが、年が明けてすぐに有馬氏が急逝。

1957年の第２回からは、その功績を称え、「有馬記念」の名称で行われるようになりました。

今では暮れの風物詩として、日本中で愛されるレースに。ふだん競馬をやらない人でも、有馬記念だけは馬券を買うという人も多いようです。

競馬新聞には何が書いてある？

それでは競馬新聞を見てみましょう。まず、馬の名前やら、何やらが、ダーッと並んでいるのが、**出馬表**です。

この出馬表の右側に、レースのプロフィールや、「この欄には、こんなことが書いてある」という、目次のようなものがあります。

どこの競馬場の、何レースで、何時何分の発走予定か。

レースに名前が付いていれば、重賞（じゅうしょう）か、特別戦。

重賞は、GⅠ、GⅡ、GⅢとあって、賞金と格の高いレース。

特別戦は、同じクラスのレースでも、名前の付いていないレース（平場（ひらば）のレース）よりも、少し賞金が高くなります。なので、同じクラスでも、強い馬、自信のある馬が出てくることが多いよう。

芝、もしくはダート（砂の上を走るレース）？　距離は何メートル？

それらのことが、レースのプロフィールに

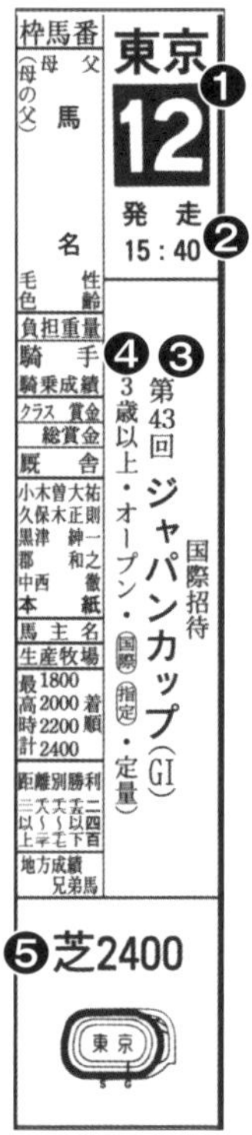

出ているんですね。具体的にサンプルで見ていきましょう。

2023年11月26日(日)に行われた、「ジャパンカップ」(GⅠ)というレースの出馬表です。

❶東京12R
❷発走予定時刻15時40分
❸第43回ジャパンカップ(GⅠ)
❹3歳以上・オープン
❺芝2400m戦

これであなたも競馬通

『芝とダート』

ＪＲＡのすべての競馬場には、芝生の上を走る芝コースと、砂の上を走るダートコースがあります。

芝コースに用いられる芝のタイプは３つ。野芝、洋芝、また野芝の上に洋芝の種を蒔く“オーバーシード”です。

全国に10ある競馬場の、気候や季節に、最も適したものを使うことで、常に青々とした芝をキープすると共に、馬の脚にも優しいレースコースを作っています。

ダートは英語に直すと“Ｄｉｒｔ”、つまり“泥”ですが、これはお手本にしたアメリカの競馬場に倣(なら)った言い方。

雨の多い日本の競馬場に、水捌けの悪い泥は合わないので、日本のダートは“Ｓａｎｄ”、つまり“砂”を使っています。

ちなみに、ダートの砂は、ＪＲＡのすべての競馬場で、青森県六ヶ所村の海砂を使用しています。

そして、馬の名前のある、縦1列を“**馬柱**(うまばしら)”といいます。

何が書いてあるかと言うと、

❶○枠○番
❷馬名
❸性別・年齢
❹馬名の右がお父さんの名前、左がお母さんの名前、カッコの中はお母さん方の祖父の名前
❺○キロを背負って、○○という騎手が乗る

性別には、**牡馬**(ぼば)(**オス**)、**牝馬**(ひんば)(**メス**)の他に、去勢を施したセン馬というのがいます。

また、ジョッキーの名前の脇に“替”の文字があった場合は、「前走で乗った騎手と替わりました」という意味です。

このレースで優勝したイクイノックスで具体的に説明していきましょう。

❶1枠2番
❷イクイノックス
❸牡馬の4歳
❹父キタサンブラック、母シャトーブランシュ、母の父キングヘイロー
❺58キロ、ルメール騎手

となります。

2023年11月26日東京12レース・ジャパンカップ

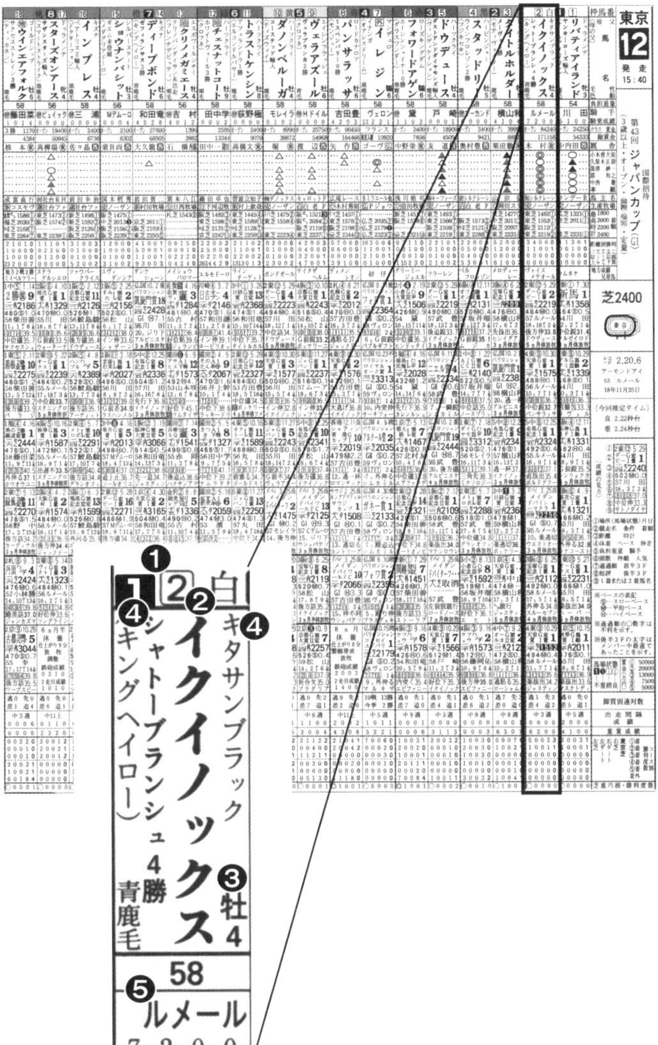

（3歳以上・オープン・(国際)(指定)・定量）

クラスについて説明しましょう。

“3歳以上・オープン”。

この部分が、クラスを表します。ＪＲＡでは、基本的に勝たないとクラスは上がらないと思って下さい。例外もありますが、それは後ほど。

まず、競走馬は、基本的に**新馬戦**（しんば）というレースでデビューします。早い馬は、２歳の６月にはデビューを迎えます。この時期を人間の成長に直すと、小学３年生から４年生ぐらい。「ボクたち、今から何やんの〜。」ぐらいの感じでしょうか(笑)。

勝てば、**1勝クラス**に上がるのですが、勝つのは１頭だけ。ほとんどの馬が、負けてしまいます。

負けた馬は、**未勝利戦**というレースに。そこで勝てば、１勝クラスに上がりますが、負けたらまた未勝利戦を戦う。で、負けたらまた未勝利戦、また未勝利戦…を繰り返し、翌年の８月で未勝利戦が終わってしまうまでに、何とか１つ勝てるようにと、頑張るんですね。

それでも大半の馬が、勝ち上がれない。

そうなったらどうするのかと言えば、地方競馬に転出するか、乗馬になるなどして、第2の“馬生”を過ごすことになります。

無事勝ち上がった馬も、１勝クラスを勝てば、**2勝クラス**。

2023年11月26日東京12レース・ジャパンカップ　1枠2番イクイノックス馬柱

2 白
キタサンブラック
イクイノックス
牡4
シャトーブランシュ
(キングヘイロー)
4勝
青鹿毛
58
ルメール
7200
オープン 84240
171158
木村㊪
…◎…
…○…
…◎…
…◎…
…◎…
…◎…
㈲シルクレーシ
㊡ノーザン
東芝 1462①
東芝 1552①
阪芝 2112①
東芝 2219②
3 4 0 0 0
1 1 0 0 1
0 0 0 0 0
0 0 0 0 0
ヴァイス
メテオール

2東⑫ 5.29
ダービー G I 定量 2
二四芝 2219
484 Ⓜ 0.0
57 ルメール
18ト18ゲ2人
後方伸 33.6
ドウデュース
5ヵ月休放牧

4東⑨ 10.30
天皇賞 G I 定量 1
三二芝 1575
488 Ⓗ 0.1
56 ルメール
15ト7ゲ1人
10 10 9 36.2
中位鋭 32.7
パンサラッサ

5中⑧ 12.25
有馬記念 G I 定量 1
三六内 2324
492 Ⓢ 0.4
55 ルメール
16ト9ゲ1人
9 6 3 37.1
直抜出 35.4
ボルドグフー

ドバイ 3.25 良
メイダン
ドバイシーマクラ 1
二四芝 2256
GI Ⓢ 0.7
565 ルメール
10ト 楽逃切
ウエストオー
3ヵ月休放牧

3阪⑧ 6.25
宝塚記念 G I 定量 1
三内 2112
492 Ⓜ 0.0
58 ルメール
17ト5ゲ1人
外伸る 34.8
スルーセブン
4ヵ月休放牧

4東⑨ 10.29
天皇賞 G I 定量 1
二芝 1552
494 Ⓜ 0.4
58 ルメール
11ト7ゲ1人
3 3 3 35.6
楽抜出 34.2
ジャスティン

逃1　先2
差4　追2
中3週
0 0 0 0
6 2 0 0
5 0 0 2 3
1 0 0 1 1
0 0 0 0 0
0 0 0 0 0
0 0 0 0 0
0 0 0 0 0
○ 0 0 0 0

２勝クラスを勝てば、**３勝クラス**。３勝クラスを勝てば、いよいよ**オープンクラス**へと上がって行きます。

ＧⅠ、**ＧⅡ**、**ＧⅢ**、**リステッド**、**オープン特別**というのは、クラスではなく、オープンクラスの中の、レースの格付です。

馬主（うまぬし）になったからには、ジャパンカップや有馬記念に出したい。なんと言っても、１着賞金は５億円ですから。でも、出走枠は 18 とか 16 しかない。じゃあ、どうするかと言えば、まずはオープンまで上がって、その中のレースを勝って、ＧⅠに出走できるだけの賞金を貯めましょうねということなんです。

クラスは５つです。

①１つも勝ったことのない、新馬、未勝利
②１つ勝った、１勝クラス
③２つ勝った、２勝クラス
④３つ勝った、３勝クラス
⑤そして、オープンクラス

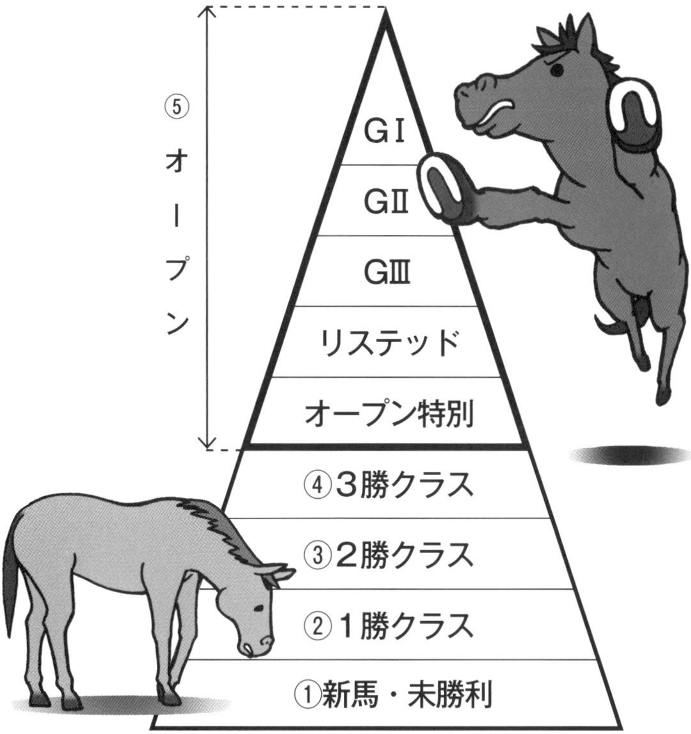

これであなたも
競馬通

『賞金の分配』

レースの賞金は、馬主80%、調教師10%、騎手5%、厩務員5%の割合で分配されます。

優勝賞金5億円の有馬記念の場合、馬主には4億円が、調教師には5000万円が、騎手と厩務員には、それぞれ2500万円が入ることになります。

競馬新聞を読み解く3つのポイント

ボクが初心者に競馬を教える時、「まず見るべきポイントは3つあります」と話します。

1 距離

2 コース

3 展開

この3つです。

「距離とコースは何となく想像がつくけど、展開って、何？」って感じでしょ(笑)。

安心して下さい。この後わかりやすく、お話ししますから。

2023年11月26日東京12レース・ジャパンカップ

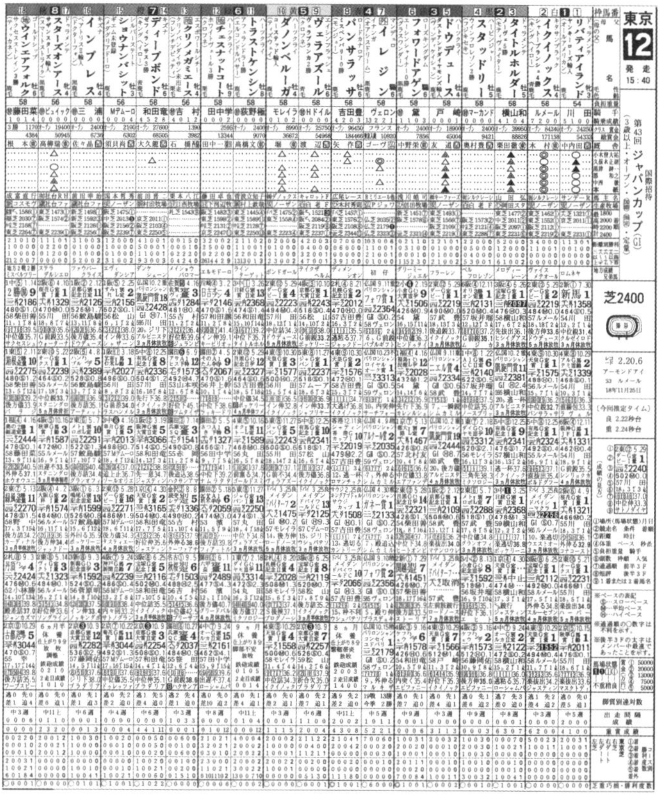

東京 12 発走 15:40
第43回 ジャパンカップ(GI) 国際招待
(3歳以上・オープン・国際・指定・定量)
芝2400
レコード 2.20.6 アーモンドアイ 53 ルメール 18年11月25日
(今回推定タイム) 良 2.22秒台 重 2.24秒台

枠	馬番	馬名	性齢	負担重量	騎手	厩舎
1	1	リバティアイランド	牝3	54	川田	中内田
2	2	イクイノックス	牡4	58	ルメール	木村
2	3	タイトルホルダー	牡5	58	横山和	栗田徹
3	4	スタッドリー	牡5	58	マーカンド	奥村豊
3	5	ドウデュース	牡4	58	戸崎	友道
4	6	フォワードアゲン	騸6	58	黛	中野栄
4	7	イレジン	騸6	58	ヴェロン	ゴーヴ
5	8	パンサラッサ	牡6	58	吉田豊	矢作
5	9	ヴェラアズール	牡6	58	Hドイル	渡辺
6	10	ダノンベルーガ	牡4	58	モレイラ	堀
6	11	トラストケンシン	牡8	58	荻野極	高橋文
7	12	チェスナットコート	牡9	58	田中学	田中一
7	13	クリノメガミエース	牝4	56	吉村	石橋
7	14	ディープボンド	牡6	58	和田竜	大久龍
8	15	ショウナンバシット	牡3	56	Mデムーロ	須貝尚
8	16	インプレス	牡4	58	三浦	佐々晶
8	17	スターズオンアース	牝4	56	ビュイック	高柳瑞
8	18	ウインエアフォルク	牡6	58	藤田菜	根本

まず見るべきポイント ① 距離

まずは距離について。ＪＲＡの競馬は、**1000 mから 3600 m**までで行われます。

馬がハードルを飛ぶ、**障害競走**には、もっと距離が長いレースもありますが、**平地**と呼ばれる普通のレースは、1000 mから 3600 mまで。

人間の陸上競技でもそうですが、100 m走の金メダリストが、フルマラソンを走ったとしたら、先頭でゴールに入ると思いますか？　まずもって、無理でしょう。

逆もまた然り。マラソンのチャンピオンが 100 mを走っても、トップクラスの選手には、歯が立たないはず。

それと同様に、競走馬にとって、距離の適性は、とても重要なんですね。

距離体系が整った現在、競走馬は 200 mぐらいで適性が変わると言われます。もちろん、距離の融通が利くといって、幅広い距離をこなせる馬もいます。

でも、1200 mだと速いのに、1400 mだと最後まで息がもたないとか、1600 mだとぜんぜん勝てないのに、1800 mだと強いなんてことが、多々あるんです。

「このレースは何メートル？　この馬の得意な距離は？」

これであなたも
競馬通

『人間の陸上競技もそう』

人間でも、100 m走の選手は筋骨隆々。筋力の塊で、いかにも内に爆発力を秘めた、そんな体ですよね。

逆に、マラソン選手にはヒョロっとした人が多く、求められるのは、瞬発力ではなく、持久力。

馬も短距離に向く馬は、寸の詰まった筋肉質の馬が多く、長距離タイプには、胴が長い馬が多いとされます。

すべて競馬新聞には、書いてあります。

右ページに並んだ馬名の下の数字の羅列を見て下さい。縦に４つ並んだ数字は、上から、１着、２着、３着、４着以下の回数です。具体的に見てみましょうか。

４枠８番パンサラッサの距離の欄です。

急に漢数字が出てきますが、距離の表記には、漢数字を使うことが多く、たとえば千二は 1200 m、千六は 1600 m、二千は 2000 mです。

千八〜二千は〔７６０９〕。つまり、７勝、２着６回、３着０回、４着以下９回と、計 22 回走って、２着以内が 13 回あります。まずまずの成績ですよね。

ところが、二一以上は〔０００３〕。３回とも４着以下。一番右の太字になっているのが、このレースの距離、2400 mの成績で、そこが〔００００〕ですから、2400 mは初めて走るレースの距離。つまり“初距離”ということです。だとしたら、二一以上の〔０００３〕がどうにも引っかかる。

「う〜ん、この馬に 2400 mはちょっと長いかなぁ…」と推測する。

逆に、５枠９番ヴェラアズールの距離の欄を見て下さい。

二一以上は〔４０３４〕。千八〜二千の〔２４２７〕以上に、３着以内の率が高い。

さらに、一番右に目をやって、当該距離の欄を見てみると〔３０１１〕。

「なるほど、この馬に 2400 mは合うんだな」と考える。

これが、距離です。

ちなみに、イクイノックスの二一以上は〔３１００〕。2400 mは〔０１００〕。その１回はドウデュースにクビ差敗れた６走前のＧＩ・日本ダービーで約１年半前のレース。その後に2500 mの有馬記念を勝っている成績から、2400 mに不安はないだろうと新聞から読み解くことができます。

枠馬番	1 2 白	8 青	5 9
父	キタサンブラック	ロードカナロア	エイシンフラッシュ
馬名	イクイノックス	パンサラッサ	ヴェラアズール
母（母の父）	シャトーブランシュ4勝（キングヘイロー）	ミスペンバリー0勝（モンジュー）	ヴェラブランカ2勝（クロフネ）
性齢	牡4	牡6	牡6
毛色	青鹿毛	鹿毛	青毛
距離別勝利（二一以上／千八〜二千／千六〜千七／千五以下／二四百）	3 4 0 0 0 1 1 0 0 1 0 0 0 0 0 0 0 0 0 0	0 7 0 0 0 0 6 0 0 0 0 0 0 0 0 3 9 1 0 0	4 2 0 0 3 0 4 0 0 0 3 2 0 0 1 4 7 0 0 1

イクイノックス

まず見るべきポイント
② コース

次にコースです。ＪＲＡの競馬場は、全国に10あります。北は北海道の**札幌**、**函館**。本州に下りてきて、**新潟**、**福島**、**東京**、**中山**、**中京**、**京都**、**阪神**。そして、九州に渡って、**小倉**。この10です。

中央競馬 10 競馬場 MAP

このうち、**右回りの競馬場が7つ。左回りの競馬場が3つ。**

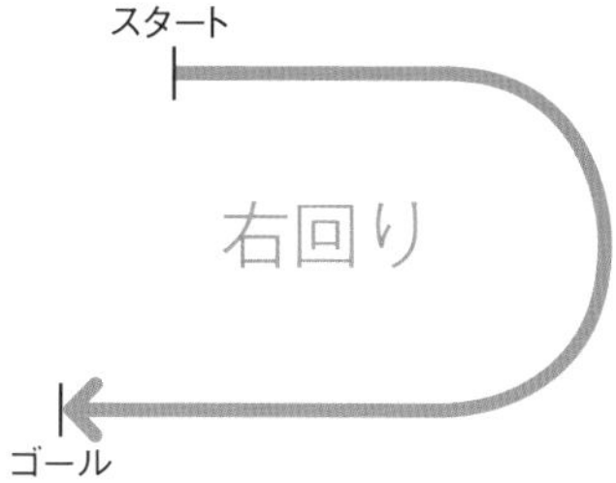

右回りは、時計の針と同じ回りで馬が走る。左回りは、その逆です。

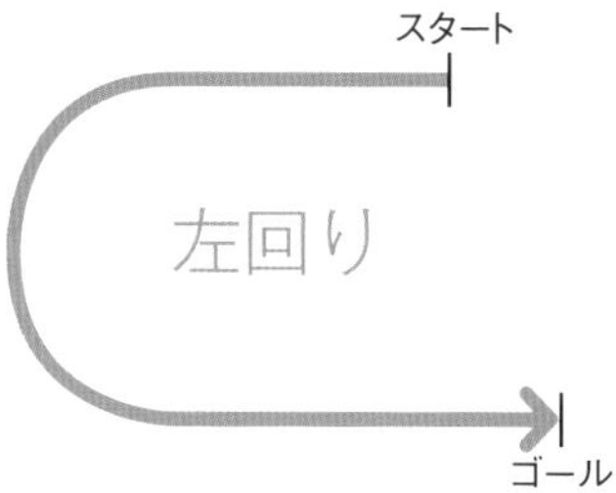

人間と同じで、競走馬にも、右利き、左利きがある。どちらの回りが得意というのがあるんですね。もちろん、どっちも上手く走れちゃうという馬もいるんですョ。ただ、極端に“こっち回りは走るけど、こっち回りはダメ”という馬もいるんです。

なので、競馬場の“回り”を覚えて下さい。少ないほうの3つ、左回りを覚えちゃいましょう。そうすれば、残りはすべて右回りですから。

新潟、**東京**、**中京**。

この3つが左回り。他はすべて、右回りの競馬場です。しっかりと覚えてください。

では、新潟競馬場って、どんな競馬場かというと、新潟は敷地がメチャメチャ広い。何と言っても、日本で唯一、芝一直線の1000 mのコースがある競馬場ですからね。

最後のコーナー（4コーナー）を回って、ゴールまでを“直線”というのですが、新潟競馬場の外回りコースは、その直線が約658 mと長い。

東京競馬場は、その国のダービーを行う競馬場が最も格式が高いと言う人もいるように、東京都内にありながら、中央自動車道沿いに広大な敷地を持ち、こちらも最後の直線が約525 mと長い。

中京競馬場は、意外や小回り。それでも、2012年の改修工事で、直線を約412 mにまで延ばしました。

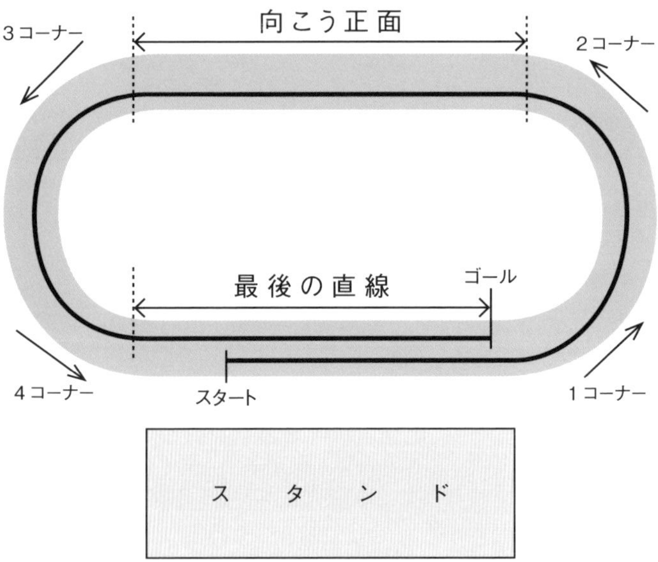

ちなみに、有馬記念が行われる、中山競馬場の直線の長さが 310 mですから、新潟の外回りや、東京の直線がいかに長いかというのは、わかってもらえるかと思います。

「そっか。中京は別にしても、新潟と東京は同じ左回りで、直線も長いなら、似たようなコースなんだな」と思いがち。

いやいや、これが違うんです。

新潟は、フラットな平坦コース。ペタンとしています。対して、東京は、最後の直線にダラダラ上る坂があるんですね。

加えて、東京には道中にも起伏があるので、同じ距離を走っても、よりスタミナが必要になるのが東京競馬場なんです。

中京も、コースの改修と共に最後の直線に坂を作りました。

何が言いたいかというと、ＪＲＡの 10 の競馬場は、すべてが個性的で、「この馬には、このコースが合う」といった、**コースの適性**があるということなんです。

要チェック!

右回り？　左回り？
直線は長いの？　短いの？
坂の有無は？

東京競馬場 芝・ダートコース図

左回り

芝：直線525.9m、3コーナー手前、直線中間に上り坂
ダート：直線501.6m、直線中間に上り坂

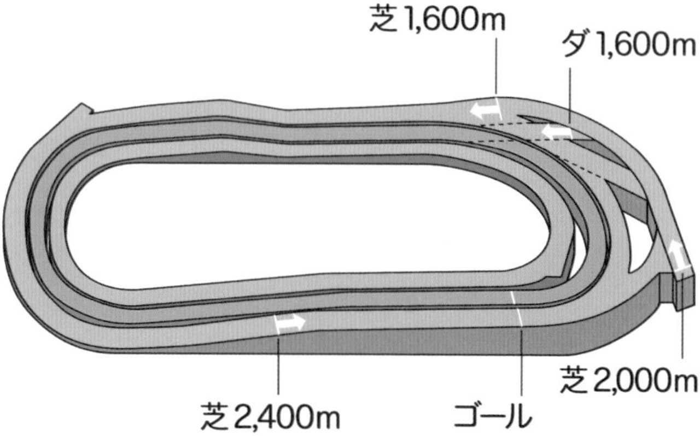

中山競馬場 芝・ダートコース図

右回り

芝：外回り直線310m、ゴール前急な上り坂
　　内回り直線310m、ゴール前急な上り坂
ダート：直線308m、ゴール前上り坂

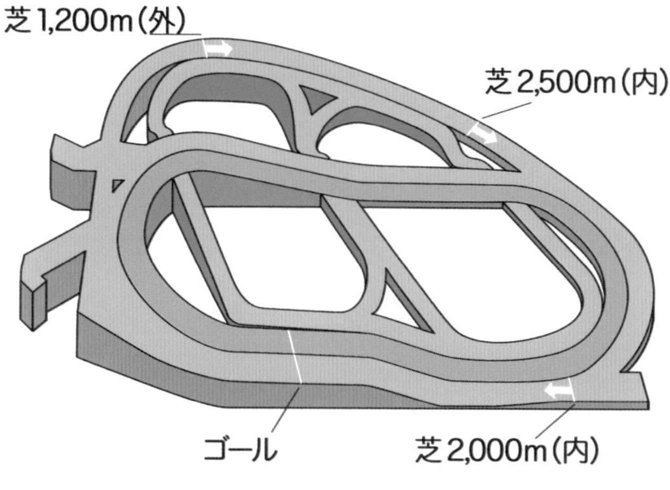

京都競馬場
芝・ダートコース図
右回り

芝：外回り直線403.7m、3コーナーに急な勾配
　　内回り直線328.4m、3コーナーに急な勾配
ダート：直線329.1m、3コーナーに勾配

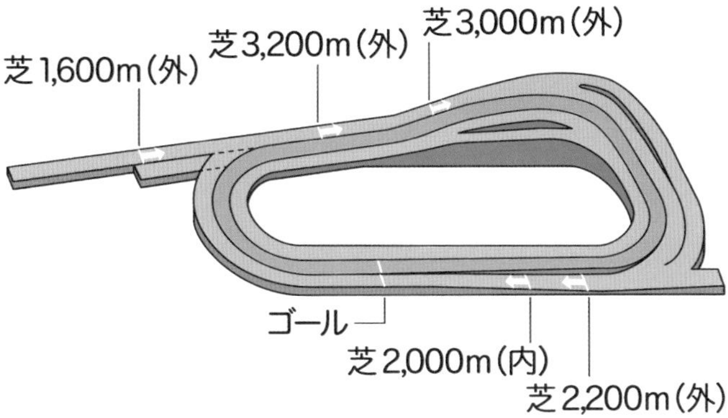

阪神競馬場
芝・ダートコース図
右回り

芝：外回り直線473.6m、ゴール前上り坂
　　内回り直線356.5m、ゴール前上り坂
ダート：直線352.7m、ゴール前上り坂

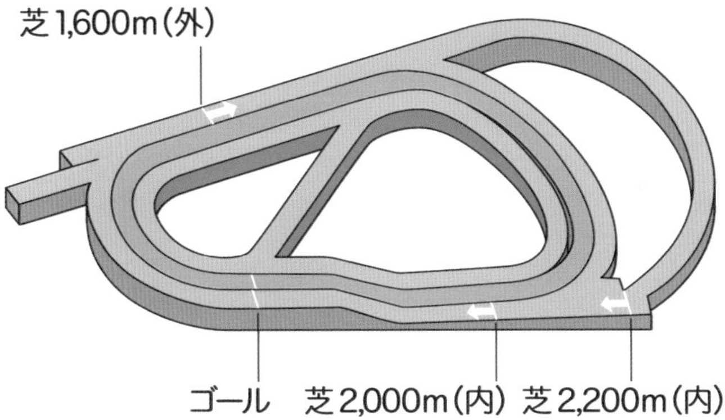

札幌競馬場
芝・ダートコース図

右回り

芝：直線266.1m、ほぼ平坦
ダート：直線264.3m、ほぼ平坦

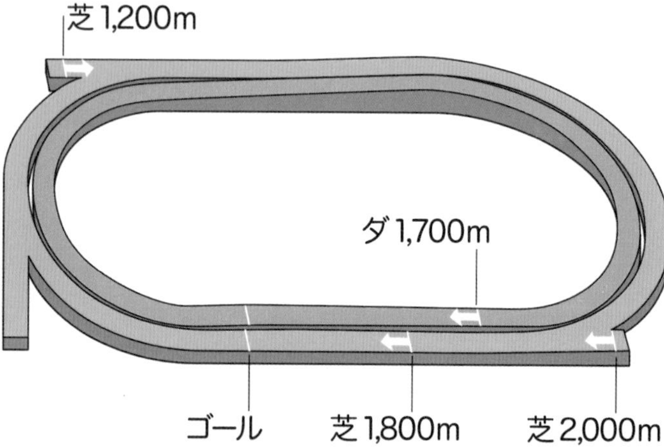

函館競馬場
芝・ダートコース図

右回り

芝：直線262.1m、直線ゆるい下り坂
ダート：直線260.3m、直線ゆるい下り坂

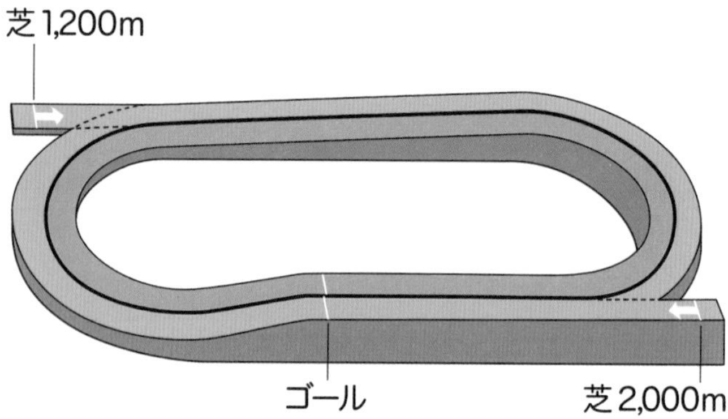

新潟競馬場 芝・ダートコース図 左回り

芝：外回り直線658.7m、3コーナーにゆるい勾配
　　内回り直線358.7m、ほぼ平坦
　　直線馬場1,000m、ほぼ平坦
ダート：直線353.9m、ほぼ平坦

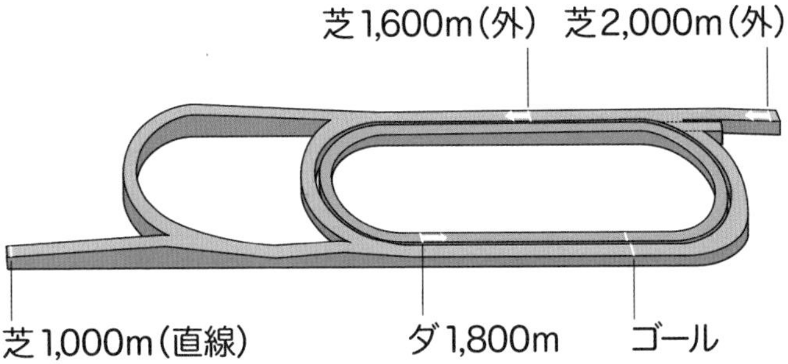

福島競馬場 芝・ダートコース図 右回り

芝：直線292m、2コーナー過ぎ、ゴール前上り坂
ダート：直線295.7m、ゴール前ゆるい上り坂

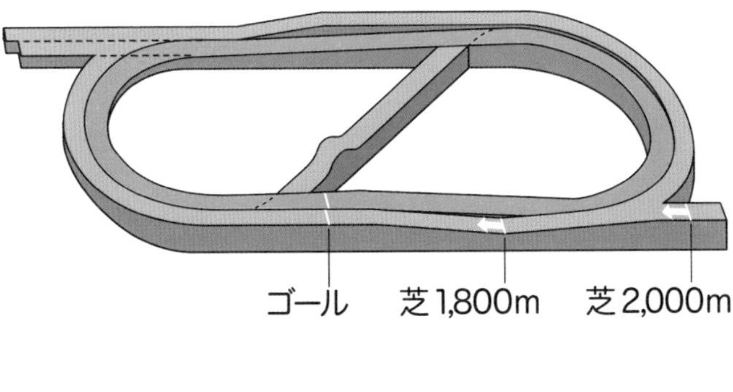

中京競馬場
芝・ダートコース図

芝：直線412.5m、直線中間に上り坂
ダート：直線410.7m、直線中間に上り坂

左回り

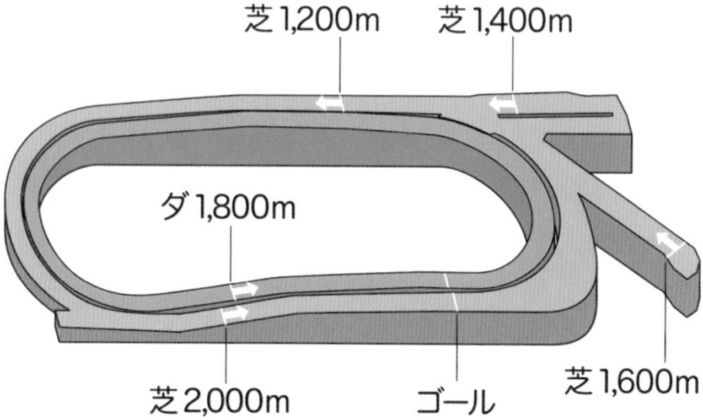

小倉競馬場
芝・ダートコース図

芝：直線293m、1～2コーナーに上り坂
ダート：直線291.3m、1～2コーナーに上り坂

右回り

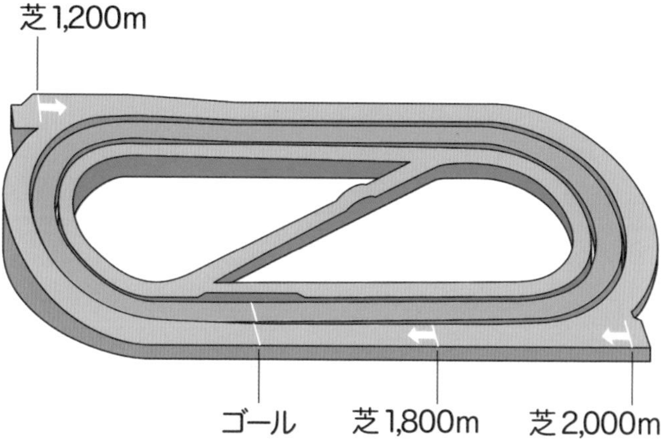

「じゃあ、この馬は、どの競馬場が得意なのか」。それも、新聞にはちゃんと書いてあります。

右下の「ウインエアフォルク」という馬名の下に並ぶ数字の羅列を見て下さい。

この新聞では、重賞はより詳細に、１～５着までと、６着以下で表記してあります。

上から、**1着、2着、3着、4着、5着、着外（6着以下）**です。

８枠18番ウインエアフォルクは、左芝〔０００２１６〕。つまり、左回りの芝は９戦して４着が２回で５着１回、あとの６回は６着以下ですが、右芝だと〔２１１３２８〕。２勝して、２着と３着も１回ずつの好成績です。

しかし、ジャパンカップが行われる東京コースは左回りですよね。さらに、具体的に東京芝はどうかと見てみると〔０００１１４〕。この成績を見てしまうと、「ちょっとこのレースでは心もとないよなぁ…」となりませんか？

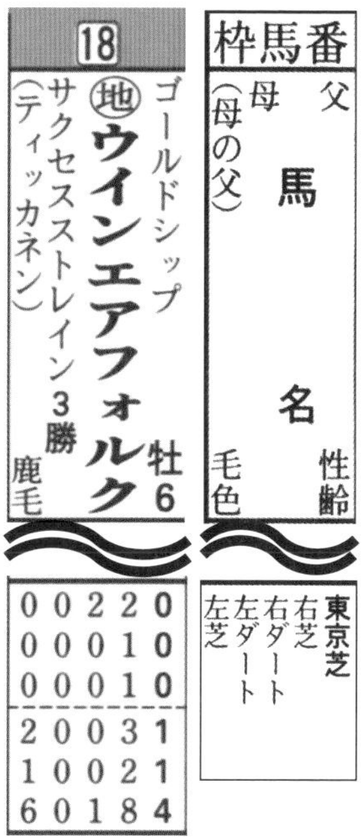

対して、４枠７番イレジンは、左芝〔７０００００〕、右芝〔６２３１００〕。

右芝がダメなわけではないけれど、左回りで７戦７勝なら、大得意！

東京コースは走ったことがないけれど、「左回りが得意なら買ってみよう」という予想を立てることができますね。

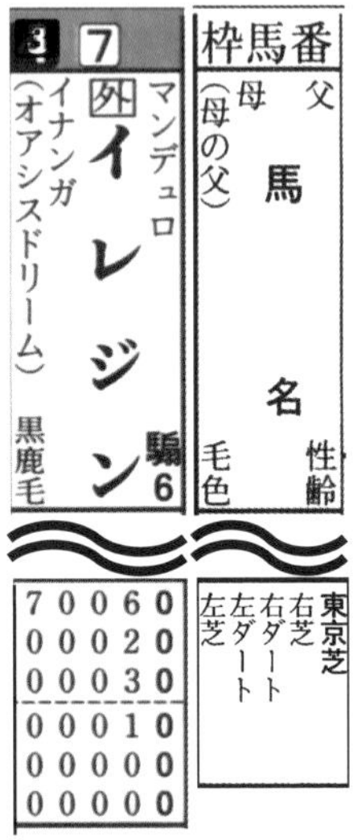

枠馬番
父
母
(母の父)
馬名
性齢
毛色
3 7
外
マンデュロ
イレジン
イナンガ
(オアシスドリーム)
騸6
黒鹿毛
東京芝
右芝
右ダート
左ダート
左芝
70060
00020
00030
00010
00000
00000

８枠17番スターズオンアースも、左芝は６戦して２勝、２着と３着も２回ずつ。そのうち５戦は東京コースでのもの。「得意なコースなんだな」と判断できます。

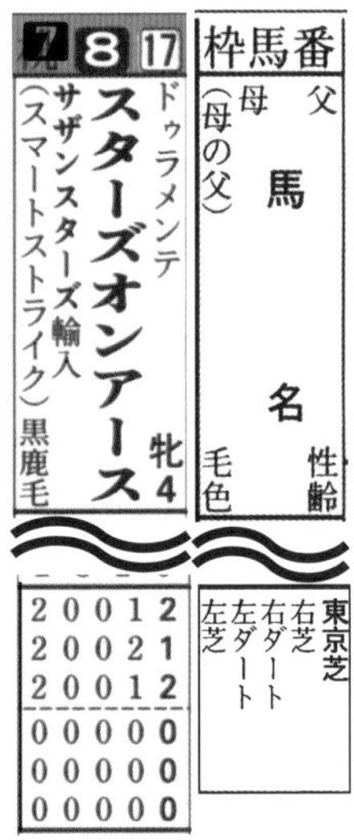

枠馬番
父
母
(母の父)
馬名
性齢
毛色
7 8 17
ドゥラメンテ
スターズオンアース
サザンスターズ輸入
(スマートストライク)
牝4
黒鹿毛
東京芝
右芝
右ダート
左ダート
左芝
20012
20021
20012
00000
00000
00000

ちなみに1枠2番イクイノックスは、左芝〔510000〕。東京芝〔310000〕という好成績なので、この馬も狙ってみたくなる1頭と判断できます。

これがコース別成績を見るポイントです。

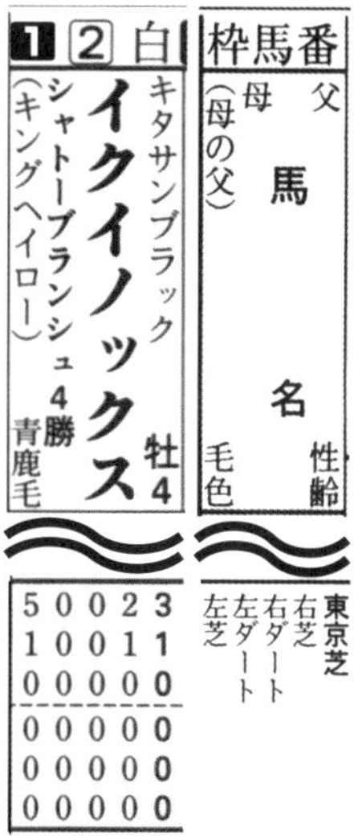

枠馬番
父
母
(母の父)
馬名
性齢
毛色
1 2 白
キタサンブラック
イクイノックス
シャトーブランシュ
(キングヘイロー)
牡4
4勝
青鹿毛
東京芝
右芝
右ダート
左ダート
左芝
5 0 0 2 3
1 0 0 1 1
0 0 0 0 0
0 0 0 0 0
0 0 0 0 0
0 0 0 0 0

要チェック!

まずは、右回りと左回りを比べてみる。
例えば、左回りには、平坦の新潟も、坂のある東京も混ざってるので、具体的に「新潟はどう？東京は？」と、比較する必要がある。

ちなみに、この“距離”と“コース”が得意というだけで、その馬を狙うと馬券が当たる場合もあります。この2つは、馬券攻略に、重要なポイント。必ずチェックするようにして下さい。

まず見るべきポイント ③ 展開

最後に展開です。

ちょっぴり長くなりますが、ついて来て下さいね(笑)。

馬は草食動物ですから、肉食動物から身を守るために早く走ります。また、群れて走る習性があり、それらを利用したのが、競馬というスポーツ・エンターテインメントなんです。

真っ先に目的地に行ければ餌にならないけど、最後になると、ライオンに食べられちゃうかも。

競馬において、目的地はゴールですから、彼らがいち早くゴールに辿り着くための作戦、走り方があります。それを、**“脚質”**（きゃくしつ）といいます。

大きく分けて４つあります。

何が何でも、先頭に立たなきゃ嫌だという馬を、“逃げ馬”といいます。

逃げ馬の後ろに付けて、逃げ馬がバテたところをヒョイと交わしてやろうというのが、“先行馬”。

道中は力を温存しておいて、それを後半に爆発させるのが、“差し馬”。

まさに最後の直線だけで、怒涛の追い込み、“追い込み馬”です。

逃げ、先行、差し、追い込み。この４つが“脚質”です。

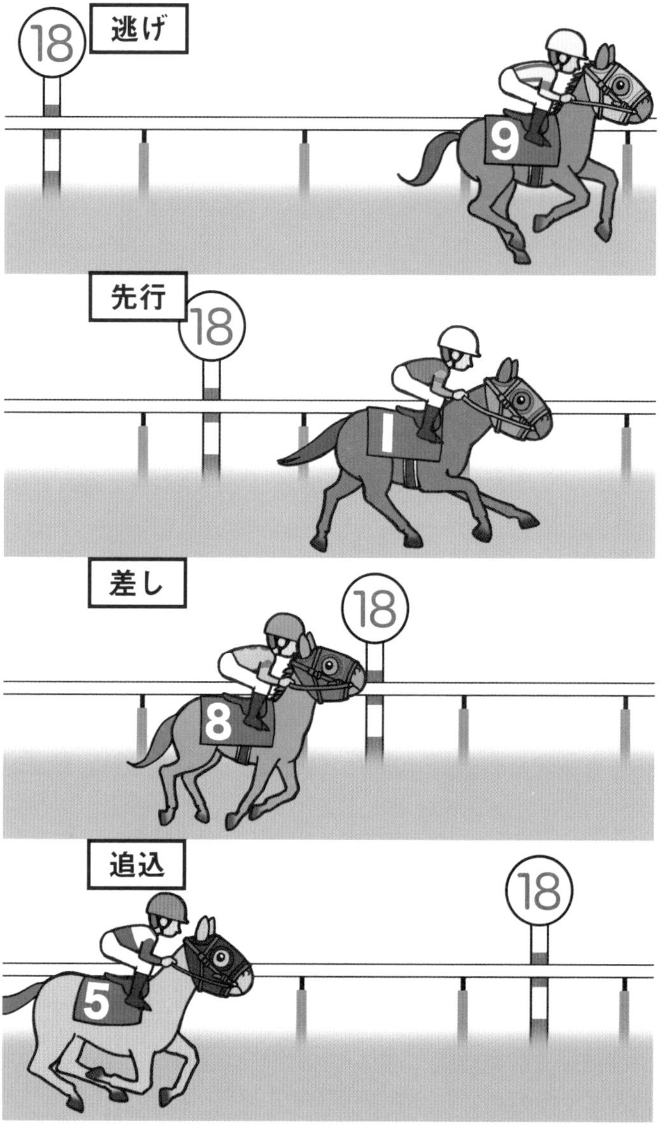
逃げ
18
9
先行
18
1
差し
18
8
追込
18
5

想像してみて下さい。このレースには、Ａという逃げ馬がいて、ゲートが開いたら、ポーンと飛び出して行く。

ところが、このレースには、もう１頭、Ｂという逃げ馬がいて、ＢがＡを抜いて行く。

「Ａさん、すみません。ボク、逃げ馬なんです」。

すると、Ａが怒ります。「おいおい、オレが逃げるんだよ」。

Ｂは言います。「今日は、いくらＡさんでも譲りませんからっ」。

最初から、ＡとＢが、ガンガンやり合う。これを**“ハナ争い”**と言います。

すると、先行馬のＣやＤも、「あんなに早く行くなら、オレたちも付いていかなきゃ」と、いつも以上に飛ばして行く。

それを見ていた、追い込み馬のＺは、「バカだねぇ、あいつら。最初から、あんなに飛ばしたら、最後にバテるに決まってんだろ」と、じっくり後方に構える。

さぁ、４コーナーを回って、最後の直線です。

ＡとＢは、息も絶え絶え。ＣやＤも、ハアハア言っちゃってる。そりゃそうですよね。だって、最初から、オーバーペースなんですから。

そこへ、たっぷり力を温存していた、追い込み馬Ｚが襲いかかります。

「邪魔だ、邪魔だっ。どいた、どいたーっ」。

Ｚのジョッキーが一発ムチを入れると、バテた馬たちを、次々と交わして、先頭でゴールイン！

何が言いたいかというと、**「逃げ、先行馬が多い時は、ペースがハイ（H）ペースになって、差し、追い込みが決まりやすい」**。

逆に、逃げ馬がAしかいなければ、「あれ？　誰も追いかけて来ないの？　ならば、ちょいとゆっくり逃げるかな」と、70%の力で逃げる。

4コーナーを回って、直線に。Aには30%の余力があるから、ジョッキーが「まだ大丈夫だよね」とムチを入れると、もうひと伸び。

前に行ってるアドバンテージがあるから、CやDは届かない。ましてや、Zは追い込めない。

つまり、**「逃げ、先行馬が少ないと、ペースがスロー（S）ペースになって、前残りの競馬になりやすい」**。これが“**展開を読む**”です。

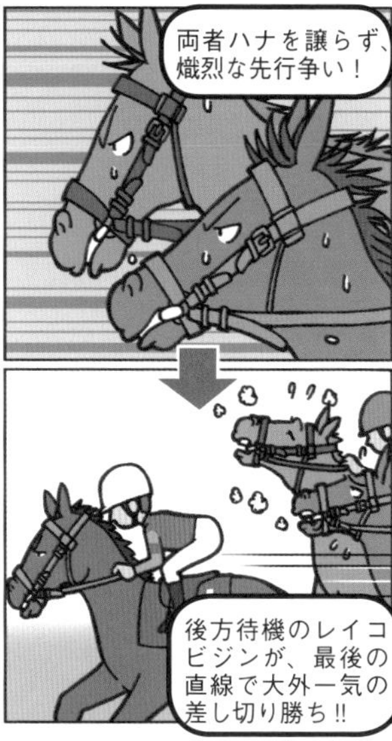

両者ハナを譲らず、
熾烈な先行争い！
後方待機のレイコビジンが、最後の直線で大外一気の差し切り勝ち!!

先手を奪ったのはタケヒーロー、マイペースの逃げに持ち込みます。
9
直線も後続を寄せ付けず、悠々と逃げ切り勝ちです。

では、どの馬が逃げ馬で、どの馬が追い込み馬なのか？

安心して下さい。それも競馬新聞には、ちゃんと書いてあるんです。

この新聞では、別欄に脚質の欄があって、マスが４つ。一番上に矢印↑があるのが**“逃げ馬”**、２番目にあるのが**“先行馬”**、３番目が**“差し馬”**、一番下が**“追い込み馬”**。

つまり、逃げ馬は２枠３番タイトルホルダーと４枠８番パンサラッサ。１枠２番イクイノックスは差して来るんだなと。

他の新聞では、距離の欄などに併記されているものも多く、矢印↑が１着のところにあるのが“逃げ馬”、２着のところが“先行馬”、３着のところが“差し馬”、４着以下のところが“追い込み馬”。

なんですが…。これを鵜呑みにしてはいけないんです。

2023年11月26日東京12レース・ジャパンカップ　脚質欄

8			7			6		5		4		3		2		1	
18	17	16	15	14	13	12	11	10	9	8	7	6	5	4	3	2	1
ウイン	スター	インプ	ショウ	ディー	クリノ	チェス	トラス	ダノン	ヴェラ	パンサ	イレジ	フォワ	ドウデ	スタッ	タイト	イクイ	リバテ
										↑					↑		
				↑													
	↑		↑		↑	↑		↑	↑		↑	↑	↑	↑		↑	↑
↑		↑					↑										

どういうことかと言うと、これはこの新聞が、「きっと、この馬はこうやって走るだろう」と予想したものだから。◎の馬が、絶対勝つとは限らないように、「逃げる」とされた馬が、逃げないこともある。

では、どうするのかと言ったら、「自分で見つける」んですね。

距離とコースの実績欄に挟まれた、いくつかの小箱があります。これが“成績欄”です。近走のいくつかが出ていて、下から新しいレース、上に上がるに従って、だんだんと古いレースになっていきます。

4東⑨10.29
天皇賞 G I 定量 4
三芝1558
500Ⓜ0.6
58モレイラ
11ト 4ゲ 4人気
9 7 7 36.2
中位詰34.3
イクイノック

2023年ジャパンカップ
ダノンベルーガの
前走成績欄

中身については後述しますが、どの競馬新聞でも一番目立つ数字が着順だと思って下さい。そして、脚質を表すのは、この３つの数字。楕円形の競馬場。コーナーは４つあります。

ゴール板を過ぎたところから、１コーナー、２コーナー、向こう正面の直線を過ぎて、３コーナー、４コーナーと回って、最後の直線を駆け抜けて、ゴール。

例えば、５枠10番ダノンベルーガの、前走、天皇賞（秋）というレースは、11頭立ての４着。

改めて、脚質を表す３つの数字は、9 7 7になっていますよね。

2023年11月26日東京12レース・ジャパンカップ

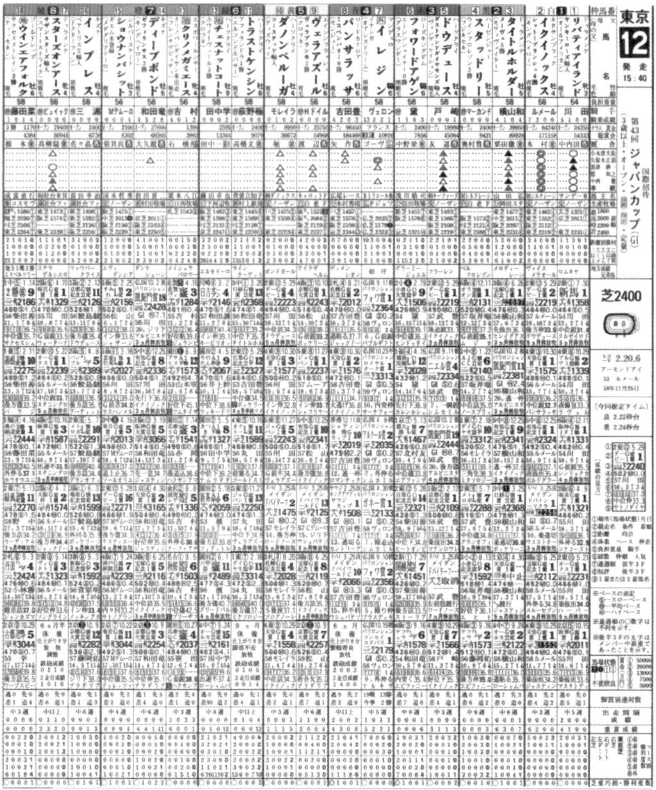

東京 12 発走 15:40 第43回 ジャパンカップ(GI) 国際招待 (3歳以上・オープン・国際・指定・定量) 芝2400

馬番	馬名	性齢	負担重量	騎手	厩舎
1	リバティアイランド	牝3	54	川田	中内田
2	イクイノックス	牡4	58	ルメール	木村
3	タイトルホルダー	牡5	58	横山和	栗田徹
4	スタッドリー	牡5	58	マーカンド	奥村豊
5	ドウデュース	牡4	58	戸崎	友道
6	フォワードアゲン	騸6	58	黛	中野栄
7	イレジン	騸6	58	ヴェロン	ゴーヴ
8	パンサラッサ	牡6	58	吉田豊	矢作
9	ヴェラアズール	牡6	58	Hドイル	渡辺
10	ダノンベルーガ	牡4	58	モレイラ	堀
11	トラストケンシン	牡8	58	荻野極	高橋文
12	チェスナットコート	牡9	58	田中学	田中一
13	クリノメガミエース	牝4	56	吉村	石橋
14	ディープボンド	牡6	58	和田竜	大久保
15	ショウナンバシット	牡3	56	Mデムーロ	須貝尚
16	インプレス	牡4	58	三浦	佐々晶
17	スターズオンアース	牝4	56	ピュイック	高柳瑞
18	ウインエアフォルク	牡6	58	藤田菜	根本

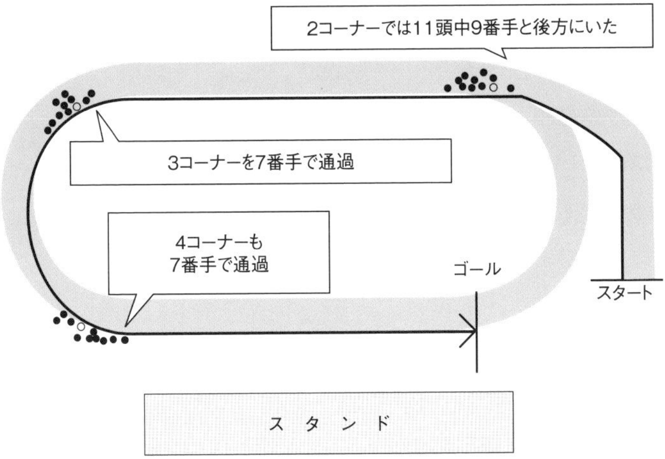

では見方を説明しますね。まず、左の9は、２コーナーを回る時、11頭が隊列を作って走っている中の**「前から９番目にいました」**というのを表す数字。

4東⑨10.29
天皇賞
G I
定量
4
1558
500Ⓜ0.6
58モレイラ
11ト4ゲート4人気
9 7 7 36.2
中位詰34.3
イクイノック

2023年ジャパンカップ
ダノンベルーガの
前走成績欄

真ん中の7は３コーナーを回る時、右の7は４コーナーを回る時の位置取りを表しています。

２コーナー９番手→３コーナー７番手→４コーナー７番手と、徐々にポジションを上げていき、最後の直線で３頭を抜いて、４着でゴール。

つまり、ダノンベルーガは“差し”の競馬をしたことになります。

では、逃げ馬の数字はどうなりますか？ 逃げ馬は、いつも先頭にいないと嫌な馬なので…。そう、[1][1][1]になるんですね。

２枠３番タイトルホルダーは、３走前の日経賞というレースで逃げ切り勝ち。前走のオールカマーというレースでも逃げて２着でした。４枠８番パンサラッサも確かに[1][1][1]が多いですよね。

3中 1 3.25
日経G別
賞 II定 1
芸内2368
478Ⓜ1.3
59横山和
12ト2ダ2人気
[1][1][1]37.1
楽逃切36.8
ボッケリーニ

2023年ジャパンカップ
タイトルホルダーの
３走前成績欄

4東⑨10.30
天皇G定
賞 I量 2
芝1576
472Ⓗ0.1
58吉田豊
15ト3ダ7人気
[1][1][1]34.7
大逃げ36.8
イクイノックス

2023年ジャパンカップ
パンサラッサの
４走前成績欄

逆に、追い込み馬の数字はどうなるかというと、**大きな数字から、小さな数字になっている。これが追い込み馬**です。

例えば、１枠１番リバティアイランドの３走前、桜花賞というレースは、18頭立てで、⑮[15][16]から１着。

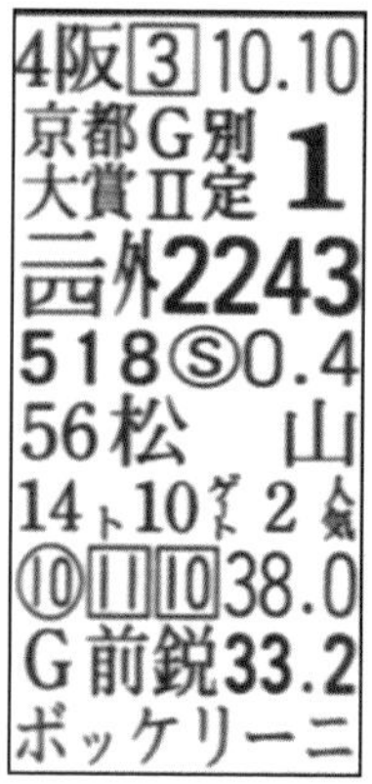

4阪[3]10.10
京都G別
大賞II定 1
西外2243
518Ⓢ0.4
56松 山
14ト10ダ2人気
⑩[11][10]38.0
G前鋭33.2
ボッケリーニ

2023年ジャパンカップ
ヴェラアズールの
６走前成績欄

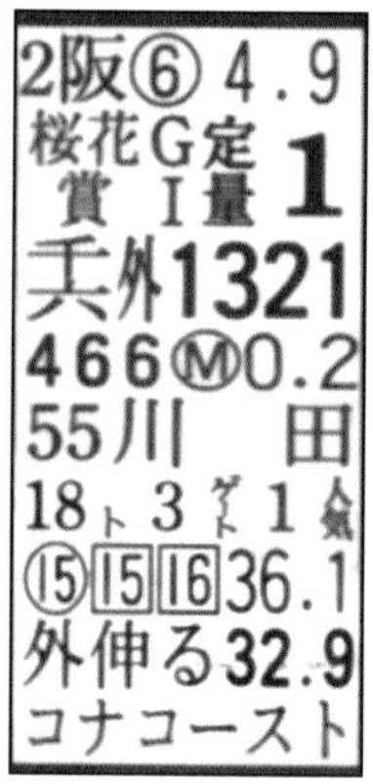

2023年ジャパンカップ
リバティアイランドの
３走前成績欄

5枠9番ヴェラアズールの6走前、京都大賞典というレースは、14頭立てで、⑩[11][10]から1着。

どちらも後方待機から、最後の直線での追い込みに賭け、見事に先頭ゴールインを果たしたのがわかりますよね。

ここでは、ペースを握る逃げ馬、すなわち、[1][1][1]の競馬をしている馬を、まずは探してみましょう。たくさんいればハイ（H）ペース、少なければスロー（S）ペースになりやすい。平均的に流れるならば、ミドル（M）ペースです。

「展開を読む」とは、このレースの流れが、どの脚質の馬に向くのかを考えることなのです。

これであなたも 競馬通

自在

「必ずこのポジションで」というのではなく、レースの流れによって、道中はどこからでも競馬の出来る馬の脚質を“自在”と言います。

脚質を表す競馬新聞の矢印も、“自在”だと、すべてに↑が付いている場合があります。

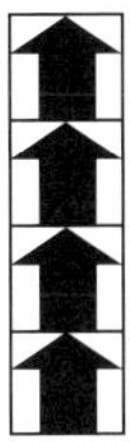

改めて成績欄を見てください。

新聞によって、表記は様々ですが、大体似通っていると思ってもらって大丈夫。予想のファクターとして、大切なことが、たくさん詰まってますが、ここまでお話しした中で、「ここをチェックして」という部分にのみ下線を入れてあります。

詳しくは、またお話します。

はい。これでおしまい（笑）。

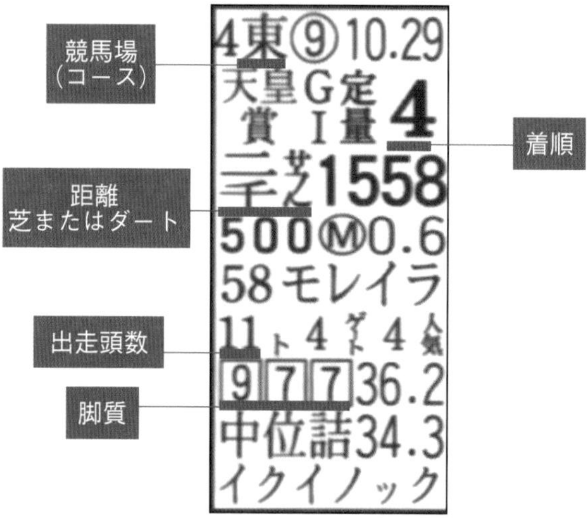

もう一度、おさらいしますね。

要チェック！

まず、このレースはどんなレースなのか？
競馬場はどこ？
芝、それともダート？
距離は何メートル？
把握したならば、この距離が得意な馬を探してみる。
このコースが得意な馬を探してみる。
逃げるのは、どれ？
では、この馬に展開は向くの？

そうして、頭の中で、バーチャルにレースをやってみるんです。

「逃げるのは、この馬か。いや、これが競りかけてきそうだなぁ。人気のこの馬は、たぶんこの辺の位置につけるだろうけど、思った以上にペースが速くなると、こっちの馬も怖いか…」。そんな感じで。

あなたの頭の中では、最後の直線です。逃げ残るのか、好位から抜け出すのか、それとも後方一気の追い込みか。

その結果、ゴールに入るだろう順に、あるいはその可能性が高いだろうと思われる順に、あなた独自の◎○▲△を打てばいい。で、馬券の種類を、何にするかを決める。これが競馬の予想です。

もちろん、もっともっと深い部分はあります。それもこの本では、こっそり？　教えて差し上げます。

繰り返しますが、基本は３つ。**距離**、**コース**、**展開**。これさえわかれば、予想は立てられるということなんです。

マークカードの塗り方

さぁ、あなたなりの予想が出来たとしましょう。次に、「じゃあ、馬券はどうやって買うの？」となりますよね。ここからは、それを説明していきます。

今の時代、インターネットも含め、様々な馬券の購入方法がありますが、まずは、競馬場やウインズで馬券を購入する際に使う、マークカードの塗り方について、説明しますね。

マークカードには、緑、青、赤のカードがあります。他に、超シンプルな、ライトカード（主にシニア向き）というのもありますが、ここでは、基本の緑のカードについて、説明します。これさえ塗れれば、競馬場で売っている馬券は、すべて購入することが出来ますから。

ビギナーのあなたは、まず緑のカードから、マスターしましょう。

このカードには、表面と裏面があります。まずは、表面を出して下さい。

すると、前述した10の競馬場の名前が書いてあります。まずは、**購入するレースの競馬場を選んで**、塗りましょう。文字の場合は、文字の下にある部分を塗って下さい。

次に、**レース番号**を塗ります。数字は、上から塗りつぶしてＯＫです。

緑のカード　馬券購入までの５ステップ

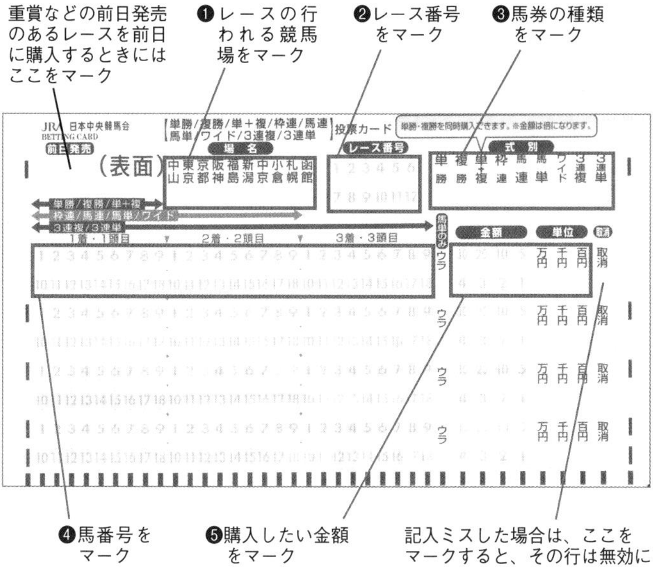

式別とありますが、これが、馬券の種類。どの種類で買うのかを選ぶのですが、仮にワイドを選んだとしたら、この面では、そのレースのワイドしか買えません。最大で４点まで購入出来ます。

ワイドは、２頭を選んで、選んだ２頭が、２頭とも３着以内に入れば当たりという馬券でしたよね。なので、“１着・１頭目”と“２着・２頭目”の２つを使います。１つのマスに、18個も数字がありますが、**１マス１つ**しか塗れません。ご注意を。

２頭を選んで塗ったら、次は金額です。100 円買いたい時は、金額の１と、単位の百円を塗る。

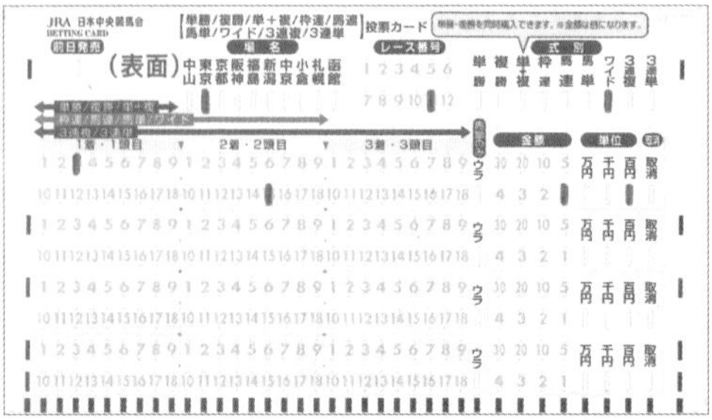

2000 円なら、金額の２と、単位の千円です。

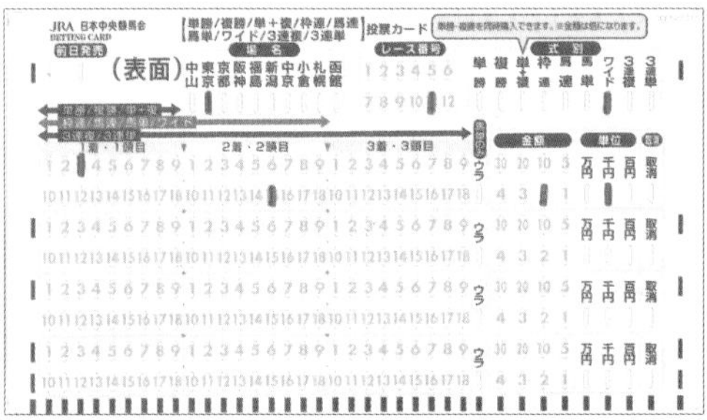

ビギナーには、よく金額の欄を塗り忘れる人が多いようです。気をつけて下さい。

もし、1800 円買いたい時はどうするのかというと、金額の 10 と５と３を塗って、単位の 100 円を塗る。

つまり、“18” 百円＝1800 円となるわけです。

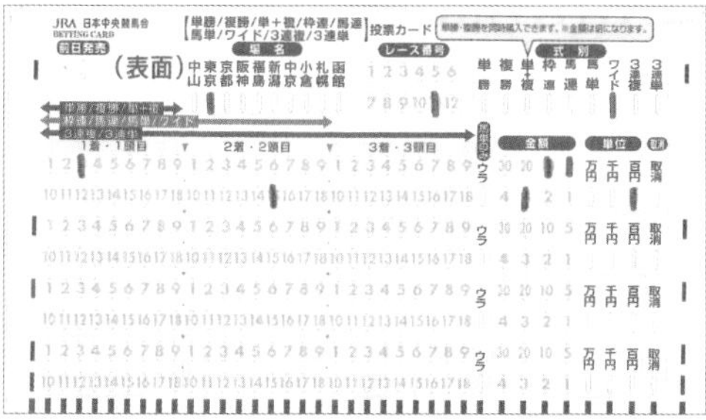

単勝、複勝、単＋複は、一番左の“1着・1頭目”だけを。

枠連、馬連、馬単、ワイドは、“1着・1頭目”と“2着・2頭目”を。

3連複、3連単を買う時のみ、一番右の“3着・3頭目”を使うことになります。

「でも、ワイドの払い戻しって、馬連の約3分の1なんだよね。ならば、馬連も買いたいなぁ」と思ったなら、マークカードを裏返してみて下さい。ここでまた、同じレースの別の式別を、あるいは同じ式別を、さらに4点まで購入することが出来ます。

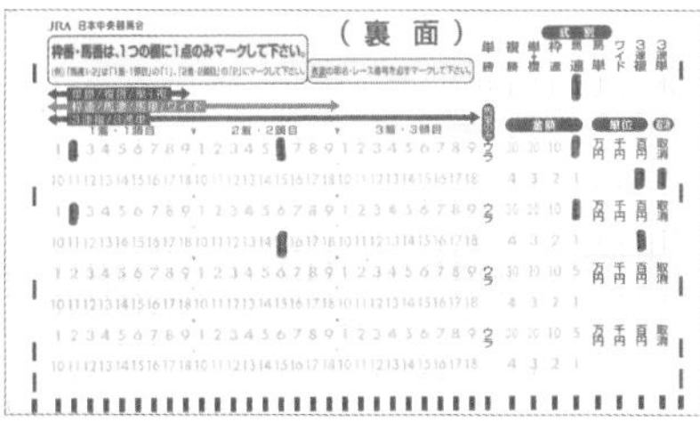

塗り間違えたら、一番右の**“取消”**を使って。ここを塗ると、その段だけが取り消されます。エコの観点からも、なるべく“グシャグシャ、ポイッ”は避けて下さいね。

青のカード

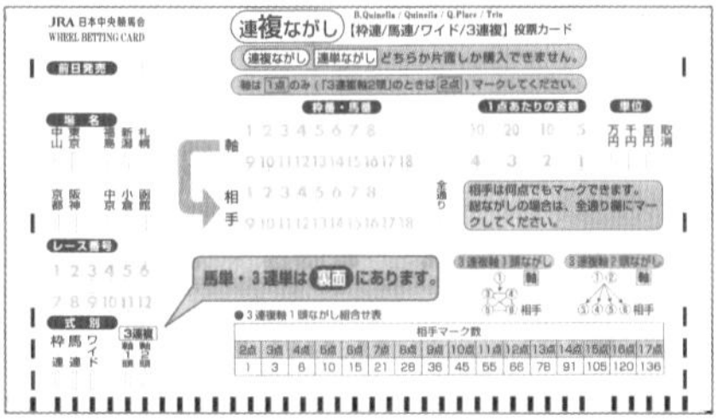

連複ながし

軸にしたい馬番号を1つだけ軸の欄にマークし、『相手』欄に組み合わせたい馬番号をマーク（いくつでも可）。
※青のカードはどちらか片面のみ使用可

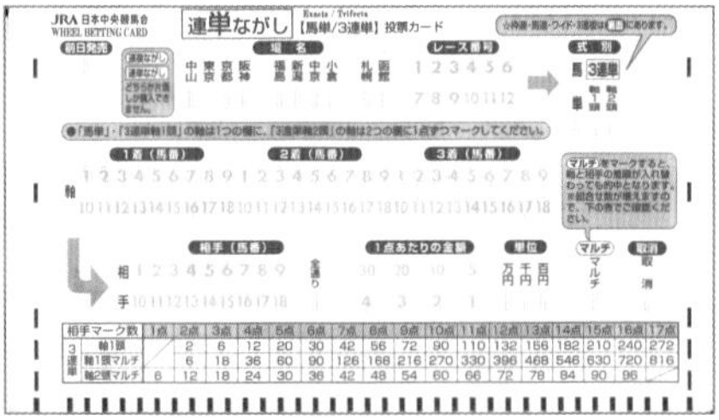

連単ながし

軸馬番を、1つだけ軸の『1着』、『2着』、『3着』欄のいずれかに、『相手』欄に組み合わせたい馬番号をマーク。マルチをマークすると、軸と相手の着順が入れ替わった組み合わせも購入

赤のカード

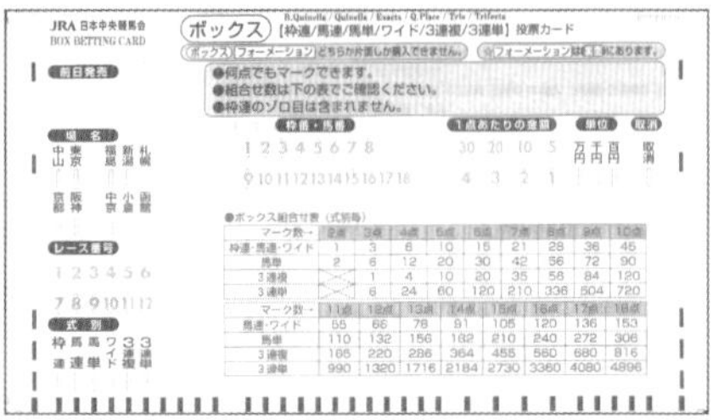

ボックス

選んだ馬の組み合わせを一度にすべて買う買い方。各式別ごとの組み合わせ数はカード下部で確認できる

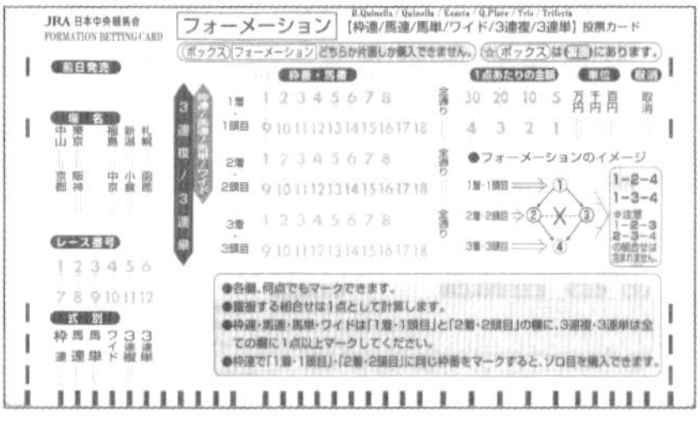

フォーメーション

着順を予想し、着順欄に予想した馬を記入すると、その組み合わせがすべて一度に買える買い方。3連単だけでなく3連複にも使用可

さぁ、マークカードを塗ったら、いざ、発売機の前へ。

まずはお金を入れてから、マークカードは20枚まで重ねて入れることが出来ます。

お釣りが無ければ、馬券が出てきます。お釣りがある場合は、壁面か画面上の**精算ボタン**をタッチすると、馬券とお釣りが出てきます。取り忘れのないように。

ちなみに、**"発売"**と書かれた、壁が青の発売機は、発売のみ。壁が黄色の**"発売・払戻"**と書かれた発売機なら、払い戻しも出来ます。

当たり馬券の有効期限は、60日。期限を過ぎてしまえば、ただの紙クズになってしまいます。忘れないうちに、なるべく早めに換金するようにしましょう。

これであなたも
競馬通

『マークカード』

発売機は、蛍光ペン以外なら、ほぼすべて読んでくれます。

マークカード挿入の際の、向きや表裏は関係ありません。

記載ミスがあった際の修正のために、競馬新聞とペンは持って発売機に行くことをお勧めします。

競馬場やウインズで馬券を買う場合、発売締切時刻は発走の2分前。締切間際は、発売機が混み合います。購入が間に合わないこともあるので、なるべく早めの投票を心掛けるようにしましょう。

払い戻しですが、“発売・払戻” と書かれた発売機の右上に、的中馬券を入れるところがあり、こちらも20枚まで重ねて入れることが出来ます。

入れたら、壁面か画面上の精算ボタンをタッチすれば、払い戻し金が出てきます。

1枚、1枚入れて、精算していると、小銭だらけになっちゃう(笑)。なので、的中馬券が複数枚あるなら、まとめて入れることをお勧めします。

その当たり馬券で、次のレースの馬券を購入することも出来るんですョ。その場合は、馬券代を差し引いた金額が戻ってきます。

これであなたも
競馬通

「芝スタートのダートコース」

コースの形状の関係で、ダートのレースなのに、スタートのゲートが芝の上に置かれ、しばらく芝の上を走るコースがあります。それは、次の8つ。

東京ダート1600 m、中山ダート1200 m、京都ダート1400 m、阪神ダート1400 m、阪神ダート2000 m、福島ダート1150 m、新潟ダート1200 m、中京ダート1400 m。

内側からダートコースが入り込んでくるので、芝を走る距離は外のほうが長く、一般に“外枠有利”と言われるのですが、芝だとスタートダッシュがつかない馬もいて、必ずしも外がいいとは限らないようです。この8つのコースでの成績や、芝コースでの競走成績をチェック。芝も上手に走れる馬なら、外枠は歓迎材料となります。

スマート投票

最近は、ペーパーレスやキャッシュレスで、スマートに馬券を購入するスタイルが、ファンの間に浸透してきています。

その代表的な投票方法が、インターネット投票、スマッピー、ＵＭＡＣＡ（うまか）の３つです。

インターネット投票は“オンライン馬券”とも呼ばれ、メインは、即ＰＡＴ。即ＰＡＴ指定銀行の口座があれば、ＪＲＡのホームページからすぐに会員登録ができ、銀行口座からＪＲＡに馬券用資金の移動を指示し、“即”馬券が購入できるというもの。競馬開催中の追加入金も可能で、馬券の当たりハズレは馬券用資金の残高に反映します。

スマッピーは、「あなたのスマホがマークカードになる」というもので、会員登録やダウンロードは不要。

ＪＲＡのホームページからスマッピー投票画面にアクセスし、マークカードを塗るのとほぼ同じ過程で“選択”を進めていくと、最終的には「投票用ＱＲ表示」にたどり着きます。そこをタップして、画面上にＱＲが表示されたなら、はい完成。

マークカードを塗った場合、列に並んで、やっと自分の順番が来たのに、どこかひとつでも間違いがあると、発売機に弾かれちゃいますよね。後ろの人の目線も気になるし…。

でも、スマッピーならＱＲが出た時点で、間違いなしのお墨付きをもらっているわけです。お金を入れて、発売機左の読み取り部分にスマホをかざせば、無事馬券が購入できます。

また、スマッピー専用の発売機もあります。こちらは比較

これであなたも
競馬通

ウインズ

“ＷＩＮＳ”。

ＪＲＡの馬券を、競馬場以外で購入出来る施設のこと。

全国にあり、街のオシャレなスポットにもあることから、気軽に立ち寄って、馬券を購入していく人も多いよう。

他に、会員制の“エクセル”や、小規模場外施設の“ライトウインズ”などもあり、特に開催を行っていない時のＪＲＡの競馬場は“パークウインズ”と呼ばれ、イベントを催すなどして、多くのファンが来場。開催場さながらの盛り上がりを見せる場合もあります。

的、順番待ちの列が短いことが多いので、是非活用してみて下さい。

最後にＵＭＡＣＡですが、これは“自分で作るプリペイドカード”のイメージ。競馬場やウインズの登録ブースで、カードを発行（要・身分証)。入出金機で好きな金額を入金し、ＵＭＡＣＡ発売機で馬券を購入。当たりハズレは、カードの残高に反映します。

ただし、的中した際の払い戻し金は引き出せますが、入金した資金は馬券購入のためにしか使えず、引き出すことはできません。また、入出金が競馬場もしくはウインズ等に限られるのもＵＭＡＣＡの特徴です。

その代わり、ＵＭＡＣＡでの馬券購入にはポイントが付くんですね。基本０．５％ですが、気がつけば意外と貯まっていて、これがうれしい(笑)。

馬券購入にも使え、クーポン・景品と交換できるので、競馬場やウインズによく行く人にはお勧めです。また、ＵＭＡＣＡポートでオッズが引き出せる（１日20回まで）などのうれしい特典もあります。

さらに、ＵＭＡＣＡスマートといって、競馬場、ウインズ内なら、スマホの操作で馬券を購入することも可能。まさに並ばずに投票することができるのがうれしいですよね。

３つそれぞれに、着地点が、銀行口座（馬券購入用資金)、

QR、カード内残高と異なります。あなたのスタイルに合った投票方法で、馬券を購入してみて下さい。

詳しくは、それぞれの名称で検索、または競馬場、ウインズに置かれたパンフレットでご確認下さい。

これであなたも競馬通

『オッズ』

オッズとは、馬券が的中した際に、払い戻しはどれくらいになるかという倍率のことで、時間と共に刻々と変化します。

その組み合わせに票が入れば、オッズは下がり、他の組み合わせにその分が回るので、他が上がることになります。

例えば、オッズの低い複勝を何通りも買って、当たったとしても、損してしまうことがあるので、オッズをしっかりチェックして上手く馬券を組み立てましょう。

なお、オッズはＪＲＡのＨＰや、競馬場、ウインズのモニターに表示されます。

「BOX、流し、どっちで買う？」

「BOX、流し、どっちで買う？」

よく耳にする言葉です。

これは、馬券の種類ではなくて、馬券の買い方。ひとつの法則を持った買い方だと思って下さい。

例えば、このレースの予想を、◎○▲△の４頭に絞り、馬券は馬連で買おうと決めたとしましょう。

「◎は、絶対に２着はハズさない」。そう思ったなら。馬連は◎から **“流し”** で買えばいい。

図で表すと、〔図 1〕。つまり、◎－○、◎－▲、◎－△の３点となります。

「いやいや、選んだ４頭、すべてにチャンスがありそう」と思ったなら、**“BOX”** で買う。

図で表すと、〔図 2〕。つまり、“流し” の◎－○、◎－▲、

流し馬券（図1）

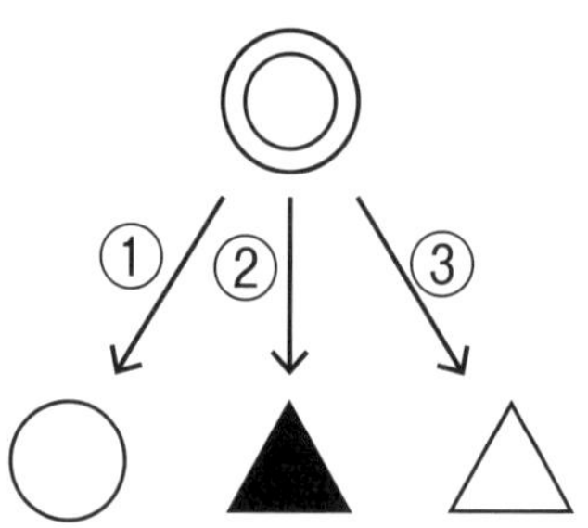

ボックス馬券（図2）

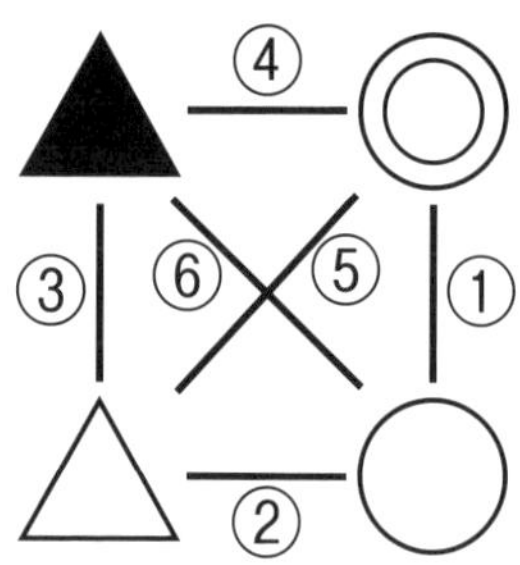

◎－△に加え、○－▲、○－△、▲－△も買うので、６点になります。ＢＯＸは、選んだ馬のすべての組み合わせを買う買い方のこと。

少々、ややこしくなりますが、**“３連複軸１頭流し”**も、「軸馬は必ず中にいる」馬券。つまり、◎を軸に、◎－○－▲、◎－○－△、◎－▲－△の３点となります。

“３連複軸２頭流し”で、軸の２頭を◎と○にしたならば、「軸馬２頭は必ず中にいる」３連複。つまり、◎－○－▲、◎－○－△の２点になる訳です。

これが“３連複４頭ＢＯＸ”になると、◎－○－▲、◎－○－△、◎－▲－△、○－▲－△と、軸不在で、すべての組み合わせの４点を買うことになるのです。

ＢＯＸが何通りになるかは、マークカードにある、点数早見表を参考にして下さい。

流しは青、ＢＯＸは赤のカード(80ページ参照)を使います。

赤のカードには、もうひとつ、**フォーメーション**というのがありますが、これは言ってみれば、“オーダーメイド馬券”。

ランダムに、「１着はこれとこれ、２着はこれとあれ」みたいな感じで、法則無しで選ぶ買い方です。

何点になるかの計算が大変なので、その場合、券売機の画面上右にある、**“フォーメーション点数早見表”**をタッチしてから、マークカードを入れると、「これなら、何点になります」というのを試算してくれます。自分の予算の範囲内かどうか、試してから購入するようにして下さい。

青と赤のマークカード(80ページ)の塗り方は、『YouTube JRA 競馬初心者講座』で検索してもらうと、JRA Official YouTube チャンネル内の『競馬初心者講座』Part5 と、Part6 で解説しています。

こう塗ると、こうなるというのを、動画で説明していて、とてもわかりやすいので、そちらを参考にしてみてください。

無責任と言うなかれ。その動画の監修とナレーションは、何を隠そう、このボクが担当しているのですから(笑)。

Part5　Part6

第１章はここまで。いかがでしたか？

第１章では「この章さえ読めば、予想の入口としての基本事項は、ひと通りわかり、競馬場に行っても十分楽しめますよ」ということを書いてきました。

確かに、数字や記号も多く出てきたかと思います。もし、一度で理解しきれなくても、ぜひ繰り返し読んでみて下さい。

宣伝っぽくなりますが(笑)、この本を電子書籍でもダウンロード購入。常にスマートフォンの中に入れておくのもいいかもしれません。慣れるまでは、教科書を持ち歩くイメージで！

さぁ、次の第２章では、もう一歩踏み込んだ競馬新聞の見方をお話ししていきます。あなたのレベルが、もう１ランクＵＰすること、請け合いです。

第2章

競馬新聞をもっと読む

ここからはさらに深く、競馬新聞を読み解く方法についてお話ししていきたいと思います。
まったくのビギナーでなくても、おそらく「知らなかった…」、「そうだったのか…」ということが、たくさん出てくるかと思います。
欠けたパーツを埋めていくような、そんな感覚で読み進めてみて下さい。

競馬新聞を読む前に

競馬はいつ頃から行われているのか。そもそもの成り立ちについて、お話ししておきましょう。

馬を競わせること自体は、有史以前からあったと言われますが、今の競馬のもとは、ヨーロッパの貴族たちの“馬自慢”から始まったとされます。

「私の馬は速い」

「いや、私の馬のほうが速いに決まっている」

「じゃあ、どっちが速いか、競走してみようじゃないか」

そして金銭を出し合って、それを着順に応じて分配する方式を**“ステークス”**と言いました。

その名は、今もレース名に残っています。フェブラリーステークス、スプリンターズステークスなどが、それです。

他にも、重賞や特別戦に出走する際には、出走のための事前の登録料が必要なんですが、集まったお金は付加賞(ふかしょう)として、1着、2着、3着の馬に、7：2：1の割合で交付することになっています。これもステークスの名残りと言われています。

現行のように、一定のルールを設け、専用のコースでレースを行うことを**“近代競馬”**と言います。発祥はイギリスで、1540年頃。

それが日本に渡ってきたのは、江戸時代。神奈川県の横浜に外国人居留地が出来、娯楽としての競馬が始まりました。1862年（文久2年）のことです。

ただ、日本の馬にも悲しい歴史がありました。それは軍馬の時代です。

時の政府が、日本の馬の質の低さを嘆き、淘汰のための競馬を推奨。馬産と共に、競馬もあちらこちらで行われていきました。

そして、太平洋戦争が終わり、平和な世の中がやってきます。

「軍馬はもう要らない。でも、競馬を無くすことだけは避けたい」

そう考え、立ち上がった国会議員がいたのでしょう。終戦

これであなたも競馬通

『ブランド品も"馬"』

ヨーロッパの高級ブランドメーカー、エルメスやグッチも、元は馬具屋さん。他にも、馬のロゴをあしらった、昔からの高級品メーカーはたくさんあります。

シャネルのオーナー、ヴェルテメール兄弟も、フランスの大馬主です。

HERMÈS PARIS

CHANEL

から僅か３年後の1948年（昭和23年）、戦後復興で、未だ日本中が大変な時に、競馬法という法律が制定されたのです。

だから、ボクらが今こうして、週末のレジャーとして競馬を楽しめているのは、そういう先達の努力があったからだというのを、ちょっと頭の片隅に置いておきたいものです。

こうして始まった日本の競馬は、国（特殊法人）が運営する**中央競馬**と、各地方自治体が運営する**地方競馬**に分かれ、それぞれに発展していきました。

中央競馬は、ＪＲＡが運営母体となり、原則として土曜、日曜に行われています。

ＪＲＡの競走馬たちが生活をし、レースに向けて調教を積んでいる場所、そこを**トレーニングセンター（通称トレセン）**

1870年秋ごろの横浜競馬場

と言います。

東は茨城県稲敷(いなしき)郡美浦(みほ)村にある美浦トレーニングセンター、西は滋賀県栗東(りっとう)市にある栗東トレーニングセンター。前者に所属する馬を**関東馬**、後者に所属する馬を**関西馬**と呼びます。

東西に**調教師**が、それぞれ約100名ずつ。**厩舎**(きゅうしゃ)と呼ばれるそれぞれの拠点を持ち、馬主から競走馬の預託を受け、調教し、レースに出走させます。

これであなたも

競馬通

『クラシック競走』

競馬発祥の地、イギリスでは“Classic Races”と書くように、歴史が長く、格の高い、伝統的なレースのことを指します。

そのイギリスに範をとり、日本では、皐月賞、東京優駿（日本ダービー）、菊花賞に、牝馬限定の桜花賞、優駿牝馬（オークス）を加えた、3歳馬による5つの競走のことを、“クラシック競走”と呼んでいます。

ちなみに、これらのレースは種牡馬(しゅぼば)や繁殖牝馬の選定競走の意味合いが高く、去勢されたセン馬は出走出来ません。

なお、このクラシック競走に、古馬(こば)による春と秋の天皇賞、有馬記念の3つのレースを加えたものを“八大競走”と呼び、重賞の中でも、特に格の高いものとされています。

4月	桜花賞、皐月賞
5月	天皇賞（春）、優駿牝馬、東京優駿
10月	菊花賞、天皇賞（秋）
12月	有馬記念

調教師はすべてを把握、統括し、作戦を立てる、いわゆる“総監督”の立場にいる人。

厩舎のスタッフには、馬の調教をつける**調教助手**と、馬の身の回りの世話をする**厩務員**がいます。調教助手は“コーチ”、厩務員は“マネージャー”のような感じでしょうか。みんながひとつのチームとなって、競走馬をレースに送り出すのです。

レースで馬に騎乗する**ジョッキー（騎手）**は、東西に約70名ほどずつが所属。調教師、馬主からの依頼を受け、東西の垣根を超えて、レースに騎乗するのですが、成績が上がれば騎乗馬も増え、いい馬も回ってきます。しかし、逆もまた真なり。今は海外から、一流のジョッキーも乗りに来ますからね。騎手もまた、競走馬同様、し烈な闘いを強いられているのです。

川田将雅騎手

クリストフ・ルメール騎手

さぁ、そんな競馬に、もう一歩踏み込んでみましょう。

「これさえわかれば、競馬の予想が立てられて、馬券が買えるようになりますョ」

第1章では、そんな導入部をお話ししてきました。

それで予想が楽しくなると、あなたは必ず、もっと深い部分を知りたくなります。それこそが、知的好奇心。

第2章では、あなたのそんな思いに応えるべく、やや掘り下げた話をしていきたいと思っています。

専門用語もわかりやすく解説します。どうぞ、しっかりとついて来て下さいね。

これであなたも
競馬通

『ハロン棒』

競馬場のコースの、埒(らち)の内側に、2とか4とか、偶数の書かれた標識が立っています。

あれは、ハロン棒と言って、1F（ハロン）＝200m置きに置かれていて、2ならゴールまであと200m、4なら400mということを表しています。

馬の年齢について

“２歳”“３歳”や、“３歳以上”“４歳以上”などの、年齢表記についてお話しておきましょう。

まず、産まれた時は“当歳（０歳）”と言い、誕生日に関係なく年が明けると１歳になります。

そこから育成を経て、早い馬は、２歳の６月からデビューします。

３歳の５月末（または６月あたま）に、日本ダービーが行われますが、この日本ダービーが終わると、新たな世代の２歳馬たちがデビュー。２歳馬たちは、年末まで、２歳馬同士で走ります。

また年が明けると、誕生日に関係なく、すべての馬が１つ歳を重ねます。２歳馬は、３歳馬になるわけです。

で、３歳の５月末（６月あたま）に日本ダービーがある。日本ダービーが終わると、また新たな２歳世代がデビューしてくる…。

その時、３歳馬はどうなるのかというと、それまで“４歳以上”の括（くく）りで走っていた、お兄さん、お姉さんと一緒に、“３歳以上”の括りで走ることになるんですね。

つまり、６月から12月までは、“２歳”と“３歳以上”（未勝利戦は３歳のみ）で。１月から５月末までは、“３歳”と“４

歳以上”で走ることになります。

これを半年タームで繰り返しているんですね。

ちなみに、日本ダービーの頃の３歳馬は、人間で言うと、高校２年生から３年生。高校野球で甲子園を湧かした高校球児が、プロに入って即通用する例を考えれば、３歳馬が４歳以上の馬に混じっても“やれる”ということなのでしょう。

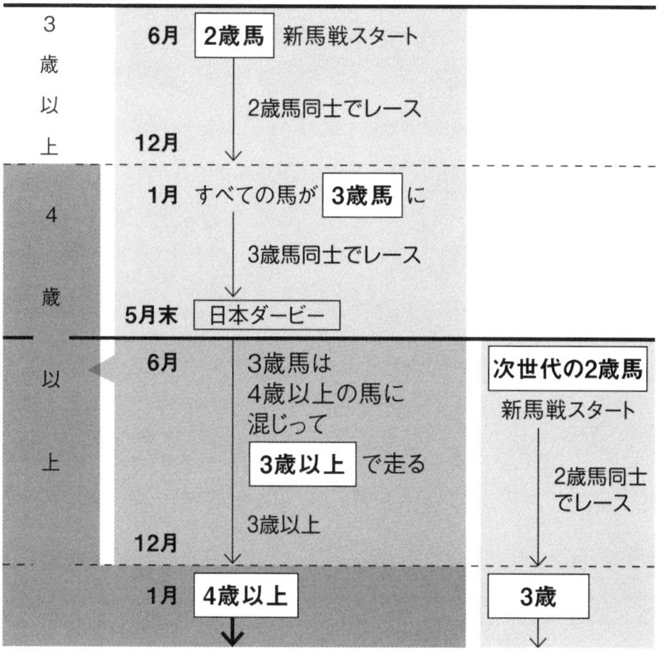

半年タームでぐるぐると繰り返す。

6月～12月	**2歳**と**3歳以上**（未勝利戦は3歳のみ）
1月～5月末	**3歳**と**4歳以上**

馬柱の見方

「馬柱」は競馬新聞の出馬表にある、１頭の馬についての縦一列の表記です。

競馬新聞を開いた時、競馬初心者がまず感じるのは、「何だ、この数字に記号は…。わけわからん」

確かに(笑)。でも、１コマがわかれば、縦一列が。縦一列がわかれば、横にダーッと、すべてが理解出来るのです。

まずは、その馬柱に何が書いてあるのか。上から順に見ていきたいと思います。「ここにはこういうことが書いてあるんだ」ということだけ、把握しておいて下さい。

１頭の馬柱にはこれだけの情報が

〔枠〕 ９頭以上出走した際、８つの枠に分けます。

〔馬番〕 それぞれに与えられた馬固有の番号。

〔馬名〕 カタカナ２～９文字で。

〔父〕 馬名の右側に。

〔母〕 馬名の左側に。

▶▶▶▶ 2023年11月26日東京12レース・ジャパンカップに出走したイクイノックスの馬柱

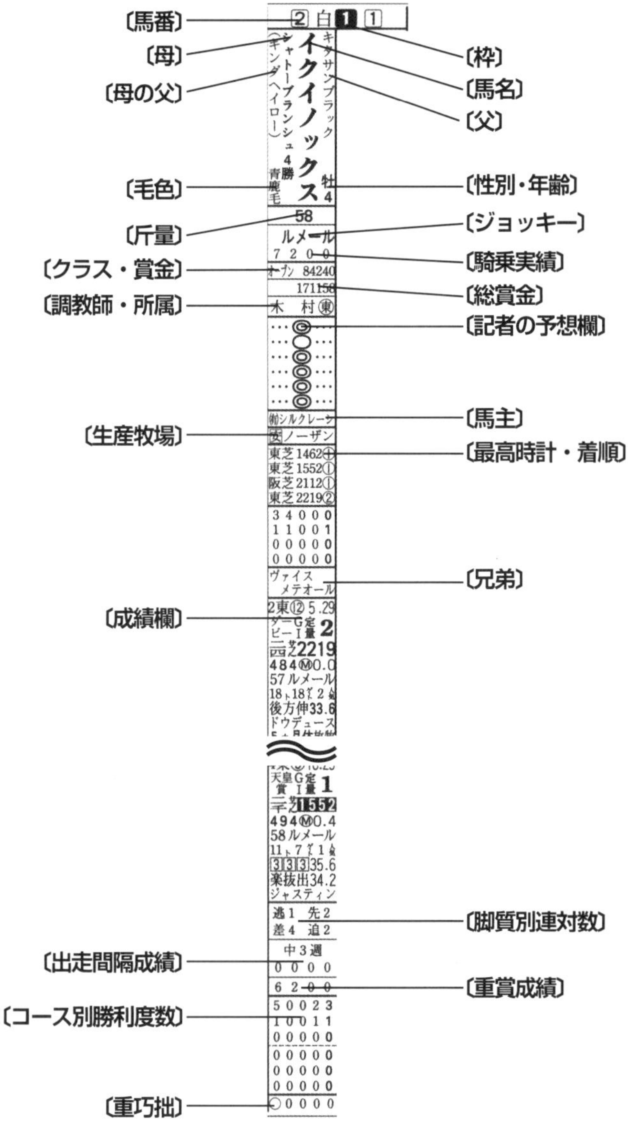

〔母の父〕 カッコの中に。血統は重要です。

〔性別・年齢〕 牡、牝、センとあり、セン馬は去勢(きょせい)を施された馬のこと。成長の早い馬は２歳の６月にデビュー。早熟な馬もいれば、大器晩成な馬などいろいろとありますが、一般に“サラブレッドは４歳の秋に完成する”と言われます。

〔毛色〕 栗毛（くりげ)、栃栗毛（とちくりげ)、鹿毛（かげ)、黒鹿毛（くろかげ)、青鹿毛（あおかげ)、青毛（あおげ)、芦毛（あしげ)、白毛（しろげ）の全８色。(174ページ参照)

〔斤量(きんりょう)〕 競走馬が背負わなければならない重量。騎手の体重、プロテクター、鞍(くら)の重さなどが含まれます。「負担重量」とも言います。

〔ジョッキー〕 騎手名。前走時から、別の騎手に乗り替わった時には、名前の横に“替”の文字が付きます。

〔騎乗実績〕 この騎手がこの馬に騎乗した時の成績。数字が４つ、横に並んでいる時は、左から１着、２着、３着、４着以下の回数です。

〔クラス・賞金〕 所属するクラスと、クラス分けのための賞金。

〔総賞金〕 この馬がこれまでに稼いだ賞金。

〔調教師・所属〕 調教師名と、東西の別。関東は美浦なので、東もしくは美とあれば関東。関西は栗東なので、西もしくは栗とあれば関西。

〔記者の予想欄〕 ◎○▲など、全体を見れば、そのレースの人気の分布が把握できます。

〔馬主〕 オーナーの名前。

〔生産牧場〕 繁殖牝馬（母馬）を持ち、この馬を生産した牧場または人名。

これであなたも
競馬通

『去勢の意味』

あまりに気が荒かったり、レースに集中しない馬は、睾丸を抜く手術を施します。これを去勢と言います。

去勢された馬は、セン馬と呼ばれ、斤量面などは牡馬と同じですが、繁殖が出来ないため、クラシック競走を含む、2、3歳限定のＧＩなど、選定競走の意味を持つレースには出走出来なくなります。

去勢をすると、人間に従順になるとも言われ、乗用馬に転じる際、牡馬のほとんどが去勢手術を施されます。

〔最高時計・着順〕この馬が、その条件を走った時の、最も速いタイムと着順。**“持ち時計”**とも言います。

〔兄弟〕サラブレッドは、母が同じ時に兄弟姉妹と言い、父も同じだと“全”、異なると“半”の字を付け、全兄（ぜんけい）、半妹（はんまい）のように使います。

〔成績欄〕近何走かの成績が細かく書かれています。中身は後で詳しく説明します。

〔脚質別連対数〕**連対とは２着までに入ること**。逃げ、先行、差し、追い込み、どんな戦法で２着までに入ったかの数。

〔出走間隔成績〕いわゆる**“ローテーション”**。今回は前走からどれぐらい間が空いていて、その時の成績はどうかを記載。

〔重賞成績〕重賞に出走した際の成績。

〔コース別勝利度数〕右回り、左回り、個別のコースでの成績。この新聞では、重賞レースは１～５着、６着以下の回数で表記。

〔重巧拙（おもこうせつ）〕芝またはダートコースの、馬場が渋って悪化した際の成績。

縦1列の「馬柱」には、これらのことが記載されているのです。

この後、〔成績欄〕の中を細かく見ていきます。それを読むと、「馬柱」の項目がより理解出来るはずです。

これであなたも
競馬通

『負担重量』

出走馬は、レースによって負担重量が決められています。その種類は4つ。馬齢(ばれい)重量、別定(べってい)、定量(ていりょう)、ハンデキャップとあります。

馬齢重量は、2歳と3歳の時に、同一年齢の馬だけのレースで使われるもの。その年齢の、時期と性別によって定められています。

別定は、レース“別”に基準が“定”められているもの。基本となる重量に、収得賞金や重賞勝ちの実績によって負担重量が増やされます。

定量は、馬の年齢と性別で負担重量が定められているもの。概ね、牝馬は牡馬より2キロ軽くなります。

ハンデキャップは、JRAのハンデキャッパーが、その馬の実績や最近の状態を考慮して、負担重量を決めるもの。ゴール前では、すべての馬が横一線でゴールインすることを目指して、ハンデを決めると言われます。

成績欄の見方

それでは、「成績欄」の中を見ていきたいと思います。

いくつか並んだ同じような箱。この小さな四角い箱の中には、かなりの量のデータが収められています。

一番下が、最も新しいレース。上に上がるに従って、古いレースになっていきます。つまり、一番下が前走、下から２つめが前々走、３走前、４走前…となっています。

それでは、箱の中を順に詳しく見ていきましょう。

これも2023年11月26日（日)、「ジャパンカップ」の新聞から１枠２番イクイノックスの前走です。まずは一番上の段から見ていきましょう。

1段目

〔開催・競馬場・開催日・日付〕
４東⑨ 10.29

「4回 東京 9 日目 10 月 29 日」と読みます。

どこの競馬場の、何開催目の、何日目か。

開催というのは、原則土日、４週８日で１開催。ただし、2007年の競馬法施行規制の改正により、１開催最大12日まで、設定が可能となりました。年の始めの金杯や、３連休の時の月曜日開催などもあります。

**2023年11月26日東京12レース・ジャパンカップ
1枠2番イクイノックスの前走成績**

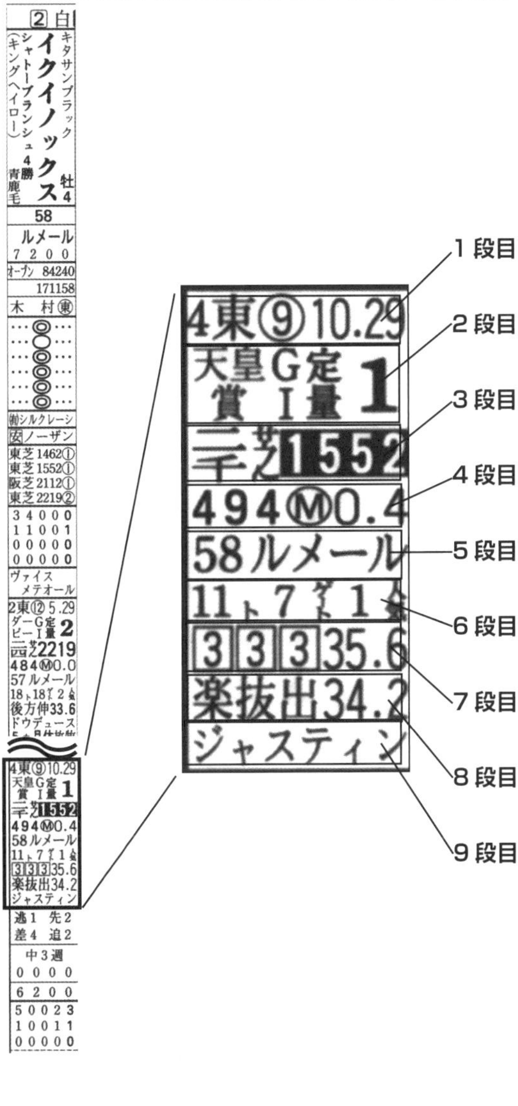

なお、1年間の延べ開催日数は、288日と定められています。

競馬場の表記は、東＝東京、中＝中山、京＝京都、阪＝阪神、札＝札幌、函＝函館、新＝新潟、福＝福島、中京(名)＝中京、小＝小倉。

どこの競馬場でのレースだったのか。第1章でも述べたように、右回り、左回り、直線の長短、坂の有無。重要な予想のファクターです。

“○日目”の数字が、様々な形で括られてますよね。この形は馬場状態を表します。

○良

□稍重（ややおも）

●重

■不良

この天皇賞は9日目の「9」が○で括られているので、良馬場で行われたということです。日本の競馬は、下記の4段階で馬場状態を表し、より明確にするため、ＪＲＡでは2018年7月から、ゴール前と4コーナーの含水率（がんすい）も発表しています。

良：馬場が乾いた状態
稍重：少し湿っていて、踏みしめるとややへコむ状態
重：湿っていて、踏みしめると水が染み出る状態
不良：表面に水が浮いている状態

考えてみて下さい。芝は良馬場が走りやすく、水分を含めば含むほど、走りづらくなりますよね。

では、ダートはどうか？　ダートの良馬場は、真夏のピーカンの日の、海水浴場の海の家の前のイメージです。砂の上をビーチサンダルで歩くのに、かなり力が要りませんか？

稍重は、波打ち際で、たまに波が届くあたり。

重は、頻繁に波が来て、サーッと引いた後の部分。

不良は、ギリギリ海に足を踏み入れちゃったって感じでしょうか。

これであなたも
競馬通

『蹄（ひづめ）の形状』

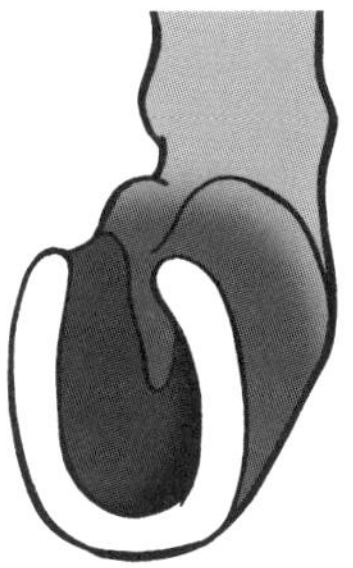

重の巧拙には、蹄＝ツメの形も関係すると言われます。

馬場が渋って、下が緩くても、お椀のように蹄底（ていてい）が深いと、ズボッと入って地面を捕らえますが、お皿のように浅いと、上滑りをしてしまいます。これを“ノメる”とも表現します。

重の巧拙には遺伝的部分や走り方（跳びの大きさ）も関係するようですが、一口にどの馬の産駒（さんく）が絶対に重巧者とは言えないのと、さすがにツメの形までは競馬新聞にも載っていません(笑)。馬場が悪い時は、重馬場実績の欄や、厩舎コメントをチェックするようにしてみて下さい。

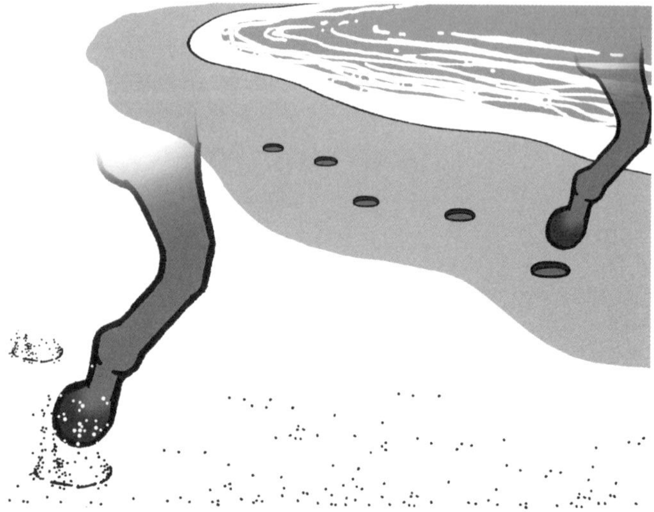

そう、ダートの場合は、稍重や重のほうが、砂が締まって走りやすくなる分、**タイムが速くなる**。

逆に、良は力の要るダート。**時計は掛かる**と思って下さい。

ダートが、稍重や重の時、予想に威力を発揮するのが、**“持ち時計”**。そう、最高タイムです。馬柱にありましたよね。左から、○分○秒○。また、この持ち時計は、その馬の“絶対能力”の基準にもなります。参考にしてみて下さい。

「馬柱」で触れましたが、芝もダートも、重の巧拙については、馬柱の下のほうに記載がありましたよね。雨の日は、そこのチェックも忘れずに。

2段目

〔条件・レース名〕天皇賞　ＧⅠ

そのレースのクラスまたは、重賞や特別戦の場合、レース名、レースの格が書かれています。

〔着順〕1=1着

そのレースで何着だったか。最も目立つ数字で書かれています。

3段目

〔距離〕二千=2000m

ＪＲＡの平地の競走は、1000～3600ｍで行われます。

一般的には1400ｍ以下を短距離、1600ｍはマイル、それ

これであなたも競馬通

『重賞2着の賞金加算』

クラス分けのための賞金を収得賞金と言い、勝てば一定額が加算され、それを積み重ねて、オープンクラスを目指すのですが、重賞だけは2着馬にも本賞金の半分が加算されます。

例えば、1度しか勝っていない馬は、本来1勝クラスに所属するのですが、2歳や3歳の早い時期に重賞にチャレンジして2着になると、収得賞金が増えて、クラスが上がります。

何度も重賞2着を繰り返すと、1勝馬なのにオープン馬なんてことも起こり得るのです。

より長いと中距離、中長距離、長距離とざっくり分けていて、短距離が得意な馬を**スプリンター**、1600 mが得意な馬を**マイラー**、長距離が得意な馬を**ステイヤー**と呼びます。

実は、国際基準の距離区分があって、ＪＲＡも『**ＳＭＩＬＥ（スマイル）**』と呼ばれる、以下のような区分を採用しているんですね。

S：スプリント 1000 ～ 1300 m
M：マイル 1301 ～ 1899 m
I：インターミディテイト 1900 ～ 2100 m
L：ロング 2101 ～ 2700 m
E：エクステンディッド 2701 m～

こちらも第１章で述べたように、競走馬には距離の適性があります。

「このレースは何mだから好走できた」。逆に「何mだから凡走した」。

距離もまた、重要な予想のファクターなのです。

〔芝またはダート〕芝

基本的に馬によって芝とダートへの適性が異なります。もちろん、芝もダートも成績が良いような馬もいますが、適性は血統によるところが大きいようです。

芝のレースが主流のヨーロッパ馬の血と、ダートのレースが主流のアメリカ馬の血とでは、子の適性に差が出やすいようにも感じます。

例えば、芝ばかり走ってきた馬が、初めてダートを走る時、父や、母の父がどんな血統か。ダート巧者の血なら、芝での近走成績を度外視して、人気薄でも狙ってみると面白そうですよね。

4中②9.8	4中⑦9.22
2勝㊺2	オールカ GⅡ 別定 1
六ダ1535	三外2120
464Ⓜ0.1	442Ⓢ0.3
57北村宏	56丸山
15ト14ダト2人気	10ト9ダト4人気
8 9 4 38.9	1 1 1 36.6
中位伸37.0	逃切る34.0
Bリフトトゥ	ミッキースワ

距離を示す漢数字の脇に、ダと書いてあればダート。芝もしくは内や外（芝の内回りコース、外回りコースを示している）とあれば芝です。

これであなたも競馬通

『鉄砲』

鉄砲とは、比較的長期の休養明けでレースを使うことを指します。

競馬新聞では、3ヶ月以上休んだ馬の成績欄を1コマ使って、休養期間とその理由、原因を表記。休み明けと、続く2走目で、どんな成績を残してきたも書かれていて、休み明け初戦で好走する馬を“鉄砲が利く”、“鉄砲駆けする”と言います。

鉄砲という言葉の由来には諸説ありますが、昔は、休んでボーッとしている馬に、竹鉄砲に詰めたお茶の葉をポンと飲ませてやると、カフェインの作用で馬がシャキッとしたというのが有力な説。今はカフェインは禁止薬物ですから、お茶の葉の使用はもちろん禁じられています。

〔タイム〕1 55 2
→1分55秒2

このレースの走破タイム。同じ競馬場、同じ距離での、他馬との比較対照にも使えます。

4段目

〔馬体重〕494キロ

競走馬の体重です。小さな馬は300キロ台半ばから、大きな馬は600キロを超える馬もいます。

競走馬の体重は、小柄な人の10倍ぐらいだと思って下さい。もし、500キロの馬が、プラス4キロで出走してきたとしたら、50キロの人間に換算すると、400グラム増。朝、体重計に乗って、400グラム増えていたとしても、そんなに気にしませんよね。

でも、その馬がプラス18キロで出てきたら？　人間の体重に換算すると、1.8キロ増です。「最近、ちょっと食べ過ぎかも…」。ましてや、競走馬はアスリートですからね。

逆に、大幅なマイナス体重も然り。ダイエットで、太めを解消したのならＯＫですが、心配事で食事が喉を通らないなんて状態だと、レースどころじゃありませんよね。“ガレる”“腹が巻き上がる”などと呼ばれ、マイナス要因となることも。

このように馬体重の増減が、走りに影響を及ぼす場合があります。一概に、何キロ増えたらダメ、何キロ減ったらダメというのはありませんが、過去にその馬が好走していた時の体重と比較して、大きく違っていたら、ちょっと立ち止まって考えてみるのがいいかもしれません。

ちなみに当日の馬体重は、レース発走の約１時間前に発表されます。競馬場のモニターや、ＪＲＡのホームページなどでチェックして下さい。

これであなたも
競馬通

『武豊（たけゆたか）』

日本を代表するトップジョッキー。1969年３月15日生まれ。

競馬に詳しくなくても、「武豊の名前は知っている」という人は多いはず。

1987 年のデビュー以来、数々の記録を、“史上最速”、“最年少” などの言葉と共に塗り替え、“天才” の名をほしいままにしてきました。

これまでに国内外のＧⅠ勝利は 120 勝以上。2024 年５月には、前人未到のＪＲＡ通算 4500 勝を達成しています。

これまた知名度は全国区の競走馬、ディープインパクトとのコンビはつとに有名で、ディープインパクトの現役時代、全 14 戦すべてに騎乗。この稀代の名馬の走り、背中の感触は、武豊騎手だけしか知り得ないもの。

ディープインパクトの走りをして、「空を飛んでいるよう」と言わしめたのは、有名なエピソードです。

〔ペース〕Ⓜ＝ミドル

レースの流れです。

H（ハイ）：早い
M（ミドル）：普通
S（スロー）：遅い

新聞によっては、ＨＨ（超ハイ）、ＳＳ（超スロー）などの表記もあります。

一般に、**ハイペースは差し、追い込み馬に、スローペースは逃げ、先行馬に向く**と言われます。

〔タイム差〕0.4=0 秒 4

勝った時には２着馬との、負けた時には勝った馬とのタイム差（秒）が書かれています。

新聞によっては、“○馬身差”の数字だけが書かれているものも。

１馬身とは、前の馬のお尻の部分に、次の馬の鼻先がある時に言う着差。お腹のあたりなら半（1/2）馬身、他にも3/4、1/4、クビ、アタマ、ハナなどで示します。

ちなみに、“１秒＝６馬身”と言われます。つまり、**１馬身は 0.16666…秒**。イメージするために**“１馬身＝約 0.2 秒”**という物差しを置いておくことをお薦めします。

これ、後で予想に威力を発揮します。覚えておいて下さい。

5段目

〔斤量〕58=58キロ

馬柱のところで触れましたが、競走馬が背負う負担重量のこと。

例えば、57キロで騎乗しなくてはならない時、規定の重量に足りない場合は、100グラム単位の鉛の板で調整します。

重さの影響は、**“1キロ＝1馬身”**と言われます。500グラムで半馬身、ハナ差の接戦なんかは100グラムで替わるかもしれません。ゆえに、公正競馬の観点から、負担重量は精密な体重計で、厳密に計ることになっています。

〔ジョッキー〕ルメール＝クリストフ・ルメール騎手

そのレースで騎乗した騎手の名前が書かれています。

6段目

〔頭数〕11ト=11頭

最多で18頭立て。出馬投票の際に、最低5頭出走しないとレースは成立しません。

〔枠〕7ゲート=6枠7番

抽選で割り振られます。

基本、枠の内、外による有利不利は無いとされますが、特定の競馬場の、特定の距離にだけ、**“外枠が不利”**とされるものがあります。それは、**東京芝2000m**と、**中山芝1600m**。

この２つは、スタートしてすぐにコーナーを迎えるので、外枠の馬は、内枠の馬と比べ、外、外を回る分、不利とされるんですね。

イメージしてみて下さい。運動会の徒競走で、“第６のコース”は“第１のコース”より、スタート地点が前にありますよね。でも、円周の内と外で考えたら、あれで同じ距離を走ることになる。

でも競馬では、階段式のゲートなんて作れませんから、“第６のコース”も、“第１のコース”と同じ並びのところからスタートしなければなりません。余計に距離を走らないといけないのですから、確かに不利ですよね。

東京芝2000ｍのＧⅠ、秋の天皇賞で「内の馬がよく来る」なんてデータは、枠順によるものが大きかったりもするようです。

〔人気〕１人気＝単勝１番人気

単勝の支持率が、何番目に高かったかを示します。

７段目

〔通過順〕3 3 3

第１章で話した“**脚質**”を示す数字です。

左から順に、２コーナー、３コーナー、４コーナーの位置取り。前から何番目にいたかを表します。

この数字が□以外の、○や何かで括られていたら、それは何らかの**「不利があった」**ということ。一番左が○なら、「出遅れた」「スタート直後に挟まれた」、真ん中が□以外なら「道中での不利」、一番右が□以外なら最後の直線で「前が狭くなった」などのアクシデントがあったと思って下さい。

〔前半の通過タイム〕35.6=35秒6

１Ｆ（ハロン）は200ｍ。これは最初の３Ｆ、つまり、スタートしてから600ｍの通過タイムです。これを**“テンの３Ｆ”**と言い、スタートダッシュが速いか、遅いかを示します。

8段目

〔短評〕楽抜出＝最後の直線で楽に抜け出して勝った

この馬のレース内容を、簡潔に表したもの。

これであなたも
競馬通

『出馬投票』

レースに出走するために必要な、最終的な申し込みのこと。

通常は、レース当該週の木曜日の15時に、ＧⅠレースは14時に締め切られます。

その後、公開抽選などが行われる一部のＧⅠ競走を除き、コンピューターによる抽選で馬番号（枠順）を決定。

出馬投票馬の数が、出走可能頭数を上回った際も、コンピューターが自動的に、抽選で出走馬を決定しています。

〔後半の通過タイム〕34.2=34秒2

下のこちらは、逆にゴールまで３Ｆの、最後の600ｍを何秒で走ったかが書かれていて、これを**“上がりの３Ｆ”**と言います。

ここが太字になっていると「最後の600ｍを、メンバー中で最も速く駆け抜けてきた」ということを表しており、それを**“上がり最速”**などと言います。

最速の上がりを何回も繰り返している馬は、**「ゴール前、確実に差を詰めて来る」**ということですから、展開を読んで、ペースが速くなりそうだと思ったら、真っ先にピックアップすべき１頭となります。

9段目

〔1着馬または2着馬の名前〕ジャスティン＝ジャスティンパレス

自身が勝った時は２着の馬の名前が、負けた時は勝った馬の名前が入ります。天皇賞を勝ったのはイクイノックス自身なので、２着だったジャスティンパレス（この新聞では最初の６文字で表記）の名前が書かれています。

「こんな馬と接戦してたのか」とか、「この馬を負かしているのか」など、レベルを計る物差しにもなります。

この小さな箱の中には、これだけのことが書かれているんですョ。すごいでしょ。

成績欄はデータの宝庫です。隅々まで、しっかりチェックをすることで、予想の精度を上げていくことが出来ます。ぜひ、活用して下さい！

これであなたも
競馬通

『障害競走』

障害競走はジャンプレースとも呼ばれ、札幌、函館を除く、全国８つの競馬場で実施されています。

最も注目を集めるレースは、中山競馬場で行われる２つのジャンプのＧＩ競走（Ｊ-ＧＩ）、中山グランドジャンプと中山大障害でしょう。

４月の中山グランドジャンプは芝 4250 m、12 月の中山大障害は芝 4100 mで争われ、この２レースでのみ使用されるのが大障害コース。高さ 160cm、幅 205cm の大竹柵（おおちくさく）、高さ 160cm、幅 240cm、生垣（いけがき）の高さも 140cm の大生垣、下って上るバンケットなど、難易度の高い障害が設置されていて、完走した馬には場内から惜しみない拍手と大歓声が贈られます。

ぜひ、現地で体感してみて下さい。

減量騎手とは？

斤量（負担重量）が与える影響は大きく、おおむね１キロ =1 馬身。「減量騎手を狙え」というのも大切な馬券戦術のひとつになるんですね。

減量騎手とは騎手免許取得期間が５年未満で、勝利度数が 100 回以下の騎手を“見習い騎手”と呼び、負担重量を減量するというルールがあります。

馬主の立場になればわかる話で、自分の馬には、経験豊富な上手いジョッキーに乗ってもらいたいもの。でも、そうなると、キャリアの浅い若手の騎手には馬が回って来ず、いつまで経っても経験が積めないことに。

そうならないために、騎手免許取得期間が５年未満の男性騎手で、０勝～ 30 勝以下の騎手には、斤量の左に▲を付けて３キロ減。31 勝以上～ 50 勝以下の騎手は△で２キロ減。51 勝以上～ 100 勝以下の騎手は☆で１キロ減と、負担重量を減量します。

おおむね“１キロ＝１馬身”なら、▲で３キロ軽くなれば、３馬身のアドバンテージをもらったようなもの。これはかなり大きいと言えるでしょう。

ちなみに、101 勝以上、またはデビューから６年目以降は、減量の恩恵はなくなります。

また、2019年の3月から、女性騎手の負担重量が永続的に減量されることになりました。

免許取得期間が5年未満で、50勝以下は★で4キロ減。51勝以上〜100勝以下は▲で3キロ減。101勝以上、デビュー6年目以降も、◇で2キロ減が続きます。次のページに一覧表を付けたので、確認してみてください。

なお、この減量ルールは、レースに名前の付いていない一般競走が対象。重賞や特別競走では適用されません。

男性騎手においては、「星（減量の印）が無くなってからが、ジョッキーとしての本当の勝負！」とも言われています。

これであなたも
競馬通

『直線の長短』

車の免許を持っている人ならわかると思いますが、カーブを曲がる時にアクセルを思い切り踏んだら、遠心力で外へ吹っ飛ばされてしまいますよね。コーナーは“スロー・イン、ファスト・アウト”が基本。

馬も然りで、コーナーではやや減速して、コーナーを回り切ってから、アクセルを踏み込みます。

直線が長ければ、後ろから行く馬は、前の馬を捕らえやすく、逆に直線が短ければ、前の馬が粘り込みやすい。

一般的には、そう考えて、レースの予想に臨みます。

見習騎手の減量記号

区分	印	勝利度数	減ずる重量
男性騎手	▲	30回以下	3kg
	△	31回以上 50回以下	2kg
	☆	51回以上 100回以下	1kg
女性騎手	★	50回以下	4kg
	▲	51回以上 100回以下	3kg
	◇	101回以上	2kg

⑩ 緑
エイシンフラッシュ
タケトンボ
エアルシアン1勝
(ジャングルポケット)
黒鹿毛 牝4
★ 52
古川奈
0 0 0 2

④ 赤
モーリス
カズキ
メイショウセイカ未登録
(クロフネ)
鹿毛 牡3
▲ 52
㊫小林勝
0 0 0 0

3 ③
ハービンジャー
マンクスホップ
キャットコイン3勝
(ステイゴールド)
栗毛 牝4
☆ 55
角田大和
0 0 0 1

今村聖奈騎手

第3章

長谷川流
パドックの見方

レースの前日までに競馬新聞とにらめっこ(笑)。あらかたの予想が出来たところで、レース当日に競馬場へと向かいます。
たくさんのファンの熱気に包まれた競馬場で、レース前にまず足を運びたいのが、パドックでしょう。
でも、「馬のどこを見たらいいの?」、「全部同じに見える」。パドックで、よく耳にする言葉です。
人によって、パドックの見方は様々ですが、ここでは、ボクがパドックで馬を見るポイントをお話ししていきます。

長谷川流 パドックの見方

競馬新聞に何が書いてあるかが、だいぶわかったところで、競馬場に行ったら、まず足を運びたいのが、**パドック**です。

パドックは“下見所（したみじょ）”とも呼ばれ、出走する馬たちが、「今日はこんな状態でレースに出ますョ」というのを、お客さんにお披露目する場所。

出走馬たちは、レース発走時刻の30分前に、パドックに登場します。

馬の歩き方で、馬の状態の良さを推し量る。そのために、まずは馬の走る仕組み、体の構造を知りましょう。

馬は草食動物です。天敵である肉食動物から身を守るため、首の後ろ以外、350°視野があります。

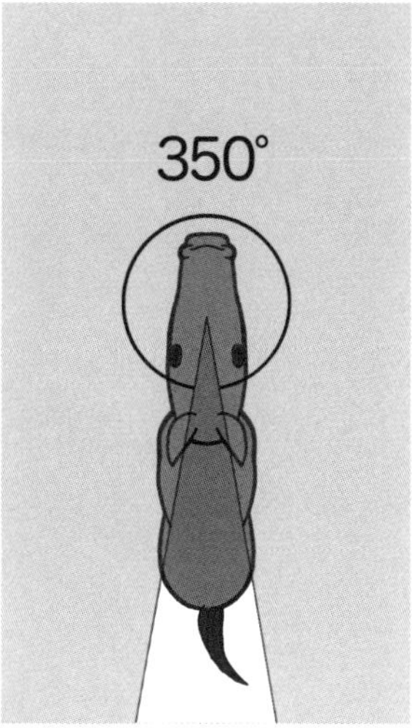

お腹の中は、ほぼほぼ腸。その長さは30 mもあると言われます。腸の中の菌の力を借りて、ゆっくり、ゆっくりと食べ物を消化、栄養分を吸収していきます。その長い腸が捻れないよう、背骨がお腹を守っています。そ

これであなたも競馬通

『はなみち』

パドックで周回を終えた馬は、馬場と直結する地下馬道を通ってコースに出ていくのですが、函館と中山には“はなみち”と呼ばれる地上の通路があり、レース直前の人馬や、レースを終えた直後の馬を間近で見ることが出来ます。

特に、これからレースに向かう騎手の表情や、気合いの乗った馬の姿は、レースのワクワク感をより高めてくれます。

ちなみに、中山の“はなみち”は、有馬記念にちなんで、“グランプリロード”と名付けられています。

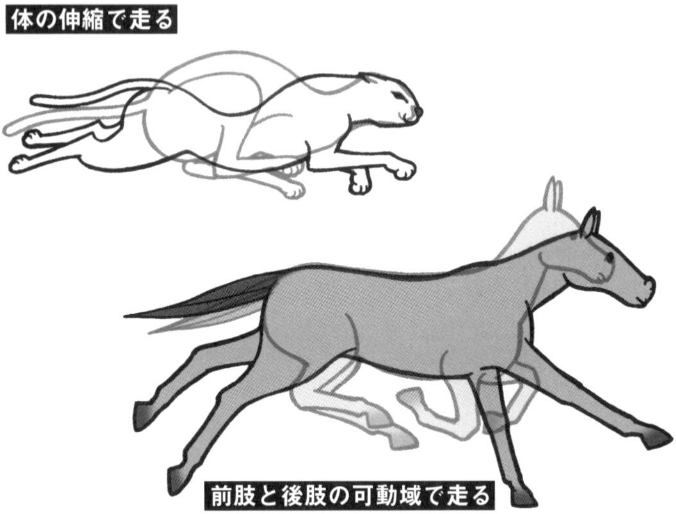

う、馬の背中は曲がりません。多少は動きますョ。でも、基本的に馬の背中は曲がらないのです。

猫やヒョウ、チーターなどは、背中を曲げて走りますよね。テレビなどで、背中を山のように、ぐーっとしならせて、獲物を追う姿を、スローモーションで見たことがありませんか？　あれは体の伸縮で走っているのです。

では、背中が曲がらない馬は何で走るかというと、前肢と後肢の可動域で走っているのです。

後ろ脚全体を **“トモ脚”** と言い、中でも、お尻のあたりを“トモ”と言います。ここが馬のエンジン部分。トモ脚でバーンと蹴った力を、前脚の２本が、パパンと受ける。

前脚の前ひざの下に、**屈腱**という腱が入っています。屈腱

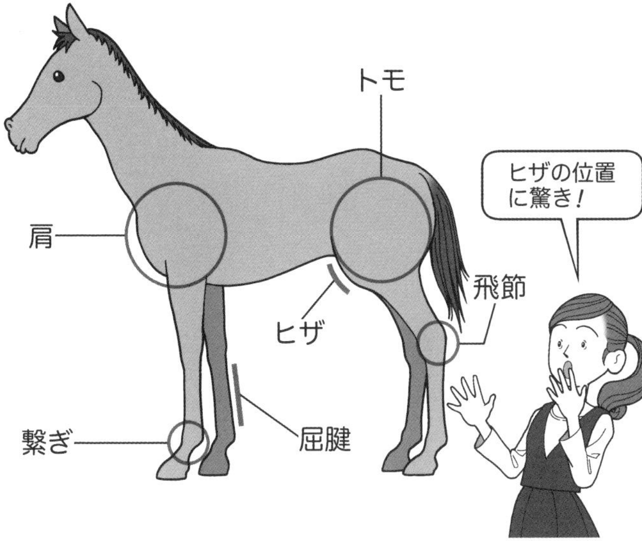

を人間の何かで例えるとしたなら、棒高跳びの棒（バー）でしょうか。棒高跳びは、バーがしなって、スピードを高さに換えるから、人間があんなに高く跳べるわけですよね。

同様に、馬が後ろ脚で蹴った力を、前脚の屈腱がしなることで、さらに増幅させて前に進む。その際、馬は首をグイッと前に出しながら走ります。

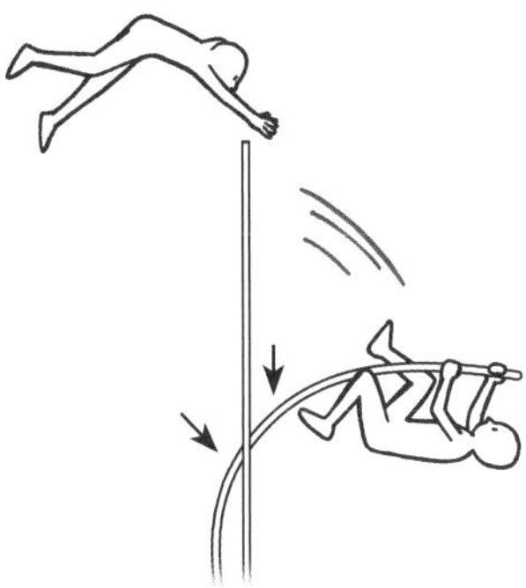

これが馬の走る仕組みです。イメージ出来ますか？

そして、一完歩、一完歩、ストライドが大きいことを、**「踏み込みが深い」**と言います。

これが、体の柔らかさを表す、ひとつのポイントにもなるんですね。

ラグビーの選手だろうが、レスリングの選手だろうが、体の大きなアスリートであっても、体が硬くて成功した例は、ほとんど聞いたことがありません。

競走馬も体が柔らかいほうがいい。もちろん踏み込みだけで、すべてがわかるわけではないのですが、ボクらがパドックを見る際の、ひとつの大切なポイントにはなります。

逆に、完歩の小さな馬を、「踏み込みが浅い」「硬い」と言います。

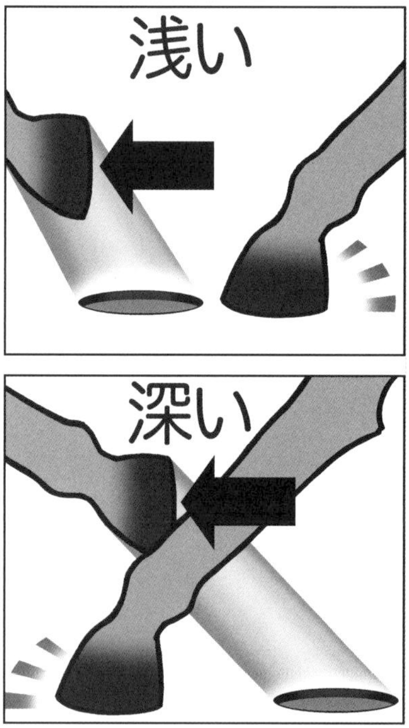

では、具体的にどこを、どう見るのか。ボクは次のことを推奨しています。

「後ろ脚をリズミカルに動かし、着地した脚をグイと力強く後ろに蹴る」。

さらに、**「右前脚が着いたところを、右後ろ脚が超えていく」**。そんな馬を探しましょう。

まさに、トモ（エンジン）の力強さと、完歩の大きさ、すなわち踏み込みの深さを見るということです。

パドックでは、周囲の足元に花が植えられていたりします。

例えば、右前脚が、白と赤の植え込みの境に着いたと。その位置を覚えておいて、じゃ、後ろ脚がそこを超えるかどうかを見る。

これであなたも
競馬通

『歯槽間縁（しそうかんえん）』

馬には、前歯である切歯（せっし）と、奥歯である臼歯（きゅうし）の間に歯の無い隙間があって、ここを歯槽間縁と言います。

大昔の人は考えました。「ここに棒を咬ませて、両端に紐を付けたなら、馬は操縦出来るじゃないか」と。これがハミの発明、発見です。

それからというもの、人が馬を使っての、輸送の量、速さは、飛躍的に進歩しました。

何のためにあるのか、未だにその理由がはっきりとはわからない歯槽間縁。さらに、馬は背中が曲がらないから、人が乗りやすい。

有馬記念などを勝ったオルフェーヴルやサトノダイヤモンドといった名馬を管理した、池江泰寿（やすとし）調教師は、「馬は、神様が人間にプレゼントしてくれた動物だと思う」と。車が発明される以前、馬は大切な乗りものだったわけで、確かに、それも納得ですよね。

あるいは、ボロと呼ばれる馬糞で下が汚れていたなら、その地面の汚れを目印にしてもいいでしょう。手前で見るなら、前のオジサンの帽子を目印にしても(笑)。

超えれば“深い”、超えなければ“浅い”“硬い”。

馬の脚が４本、引く人間の足が、ひとりなら２本、ふたりなら４本。それが一緒に動いているので、初めはわかりづらいと思います。

でも、右脚だけ見て、「前、後ろ、前、後ろ…」と、頭の中でリズムを取りながら見ているうちに、段々わかるようになってきますから。安心して下さい。

パドックはドーナツ形ですから、内を回れば距離は短く、逆に外は長い。

パドックの内を、踏み込みの浅い馬が、トボトボと歩いていたとしましょう。その後ろから、対照的に完歩の大きな馬が、グイグイと歩いて来たら、後ろの馬は前の馬にぶつかりそうになりますよね。だから外、外を回す。距離を求めて、パドックの外めを周回するのです。

テレビやラジオのパドック解説者の、「この馬は、パドックの外めを悠々と歩いていて、いいですね！」なんてコメントを聞くことがあると思います。パドックの外を歩くのがいい理由は、そんなところにあるのです。

加えて、**首が大事**。首をグイグイと使って、前へ前へと推進力を取っている馬を探しましょう。

ただ、外を回っていれば絶対にいいか、逆に、内を回っていたら絶対にダメかというと、そうではありません。

外を回っていても、力なくダラーッと脚を運んでいれば減点材料に、逆に、内を回っていても、リズミカルに力強く歩けていれば、それはプラス材料になる。

あとは、何と言っても、命ある生き物ですから、やる気や“圧”が違います。

これであなたも
競馬通

『降着と失格』

ターフビジョンに審議の青い文字が点灯し、競走中に他馬の走行を妨害し、その走行妨害がなければ、被害馬は加害馬に先着していたと裁決委員が判断した場合、加害馬は被害馬の後ろの着順となる。これを“降着”と言います。

さらに、極めて悪質で他の騎手や馬への危険な行為、加えて競走に重大な支障を生じさせた場合、加害馬は“失格”となり、着順はつかなくなります。

勝馬投票券は、確定の赤い文字が点灯するまで、大切にお持ち下さい。

もし、あなたが友だちに競馬に誘われたとしましょう。「え〜、競馬かぁ…めんどくさいなぁ」と思えば、駅までの道は、足どりも重く。逆に、「おっ、競馬！行こう、行こう！」となれば、シャキシャキ歩くでしょ(笑)。それと同じだと思って下さい。

走る気に満ち満ちた馬の“圧”は、生のパドックならではの感覚です。ぜひ、競馬場で体感してみて下さい！

さらに付け加えておくと、パドックは前の馬と後ろの馬を比べる場所ではありません。それを“横の比較”と言います。

この馬が好走していた時、パドックではどんな雰囲気だったのか、それを記憶しておいて、「今日はどんな感じか？」を見る。それを“縦の比較”と言います。

パドックは本来“縦の比較”で見るもの。

例えば、パドックでは、少しうるさいぐらいで好走していた馬が、今日はおとなしかったら…。それは、落ち着いているのではなく、元気がないのかもしれません。

逆に、パドックで落ち着いて周回していた時に好走していた馬が、今日はやる気を見せ過ぎていたら…。それは元気があるのではなく、イレ込んでいるのかも。“イレ込む”とは、極度に興奮した状態を指しますが、イレ込んでいて、何が悪いのかと言うと、内面でカッカカッカすることにより、エネルギーを無駄に消費。レース前に体力を消耗してしまいます。

ひどい発汗や、歩様、仕草などにも表れますが、それだとレースで力を出し切れません。

裏も表も、見方によっては、どちらも“真”ですから、そのジャッジは難しい。ボクらはパドック解説を生業にしてい

これであなたも
競馬通

『馬の汗』

パドックを周回している馬の体に、白い泡のようなものが付いているのを見たことがありませんか？　あれは、馬の汗なんです。

馬の汗には、石けんに似た界面活性剤の成分が含まれていて、ゼッケンや腹帯などで擦れると、白い泡が立ちます。

暑い時は人間同様、体温調節のために汗をかくのは自然なことですが、さほど暑くないのに、また他の馬は発汗していないのに、1頭だけ汗をかいているのは、内面でカッカしている証しかも。もし馬券で狙っている馬だったとしたら、返し馬（152ページ）までチェックしたいですね。

ませんから、1頭1頭のパドックでの姿は、さすがに覚えていませんもんね。

だからこそ、**“自分の好きな歩き方”**の基準を作る。それが大切になってくるのです。

そのためには、とにかく数多くの馬を見る。パドックに足しげく通って、馬を見る。見る。見る。見る。そうして、「これはいい状態だ」と判断の出来る物差しを、自分の中に作ってみて下さい。

馬券を買わなくてもいいから、パドックで気になった馬にチョイと印を付けて、レースを観戦。好走すれば、見方に自信をプラス。凡走したら、「何が違ったんだろう？」と微調整。その繰り返しが、パドックで馬を見る目を鍛えていきます。

ただひとつ、絶対能力が60点の馬が、仮に110％の出来だったとしても、66点。同じレースに出走する絶対能力100点の馬がいて、70％の出来でも70点ですから、出来の悪いほうの馬が勝っちゃうことも(笑)。

できればパドックは、競馬新聞で予想をし、注目した馬の、今日の状態を確認しに行く場所にしたいですね。

それでも、たまにいるんですョ。一完歩、一完歩が大きくて、パドックの外めを、首を使ってグイグイと歩いている、人気薄の馬が。そんな時は、自分の目を信じて、馬券に加えてみて下さい。とんでもない高配当を、プレゼントしてくれるかもしれませんョ。

パドックで見るポイント

- 踏み込みの深さ
- 外めを周回しているか？
- 首をグイグイ使っているか？
- 走る気に満ちた“圧”を感じるか？

これであなたも
競馬通

『なぜパドックは左回り？』

ＪＲＡのパドックは、全場すべて左回り。１人で馬を引く場合、人は必ず馬の左側に立ちます。

これはなぜか？これにも諸説あるのですが、昔、武士は左の脇に刀を差して馬を引いていました。そこに敵が現れたとしましょう。とっさに刀を抜くのに、馬の右側に立っていたら、馬を斬ってしまう可能性がありますよね。それを避けるために、馬の左側に立つのが常になったと言われています。

左に立って、左回りなら、人が邪魔にならず、お客さんからも、馬がよく見えますもんね。

地方競馬でも、そのほとんどのパドックが左回り。ただ、九州の佐賀競馬場だけは、なぜか右回り。その理由には、これまた諸説あるのですが、利き腕である右手を、常に空けておくためという説があるようです。

編集部と行く、
中山競馬場パドック観戦記

この本の初版を作る際、会議の席で、「パドックの見方は、文字で表現するだけじゃ、なかなか伝わりづらいと思うんですよね…」とボク。

「それじゃ、撮影しに行きますか。スチール写真だけじゃなく、動画も撮りましょう」と、編集部の松下さん。

これが好評だったので、「改訂版にも掲載しましょう」ということになり、カメラマンの天野さんにも協力を頂き、再びパドック取材のため、2024年３月２日(土)、中山競馬場を訪れました。

集合場所は、今回もパドック脇のハイセイコー像前。

ボクがビギナーズセミナーの“体験コース”で、パドック見学に行く前に、このハイセイコー像を使って馬体の構造や、馬の走る仕組みを説明するのですが、膝の位置を指さすだけで、皆さんびっくり！「え〜っ」という声が上がります。

「今から探しにいくのは、一完歩、一完歩が大きく、首をぐいぐい使いながら、パドックの外、外を回っている馬です

から」

そんな認識を共有したところで、パドックへ。

パドックのコーナーを回る時、外、外を歩いている馬は、コーナーも大回りで回ってくるので、**コーナーの近く、パドックの隅**のほうが、それが確認出来ていいかもしれません。中山のパドックだと、馬頭観音の下あたりです。

今回もカメラをそこに設置し、“歩きのいい馬”の登場を待ちます。

しかし、そういう馬は、目を皿のようにして探してもなかなか見つかるものではなく、逆にボーッと眺めている時のほうが、「おっ」と思わせる馬にピンと気づくもの。

この日も午前中の4レースはスルー。早めの昼食を食べたあと、午後最初のレースで、遂にその時がやってきます。

馬券 Diary

中山５Ｒ３歳未勝利、芝2200ｍ戦に18頭。８枠18番マイネルモメンタムこそが、その馬です。

ここまで６戦して、２着１回、３着３回。前走こそ道悪が響いたのか、６着に敗れましたが、安定した成績で、この日も単勝は３番人気。とはいえ、３着以内を持つ馬が８頭と、混戦のフルゲートですから、⑱マイネルモメンタムの単勝は6.3倍。３番人気でも、当たれば美味しい馬券と言えます。

肝心の動きですが、是非、動画を見てみて下さい。**脚の運びがリズミカルで大きく、後肢の踏み込みが深い。首をグイグイと使って、芦毛の馬体が実に柔らかく、パドックの外めを前進気勢たっぷりに歩いています。**

ボクの中では、お手本のような歩き方なんです。天野カメラマンにすぐに指示。動画を回してもらいました。

レースでは、大外枠ということもあってか、中団から徐々に進出する形で上がっていきましたが、１番人気馬の逃げを捕らえるには至らずの２着。それでもしっかり連対を確保してくれました。

天野カメラマンは、ボクと馬券の相性がいいようで(笑)、前回の撮影でもかなりのプラス計上。今回も、いきなり馬連930円をゲット！

「１番人気との組み合わせで、この配当ならありがたいです！」と、幸先のいいスタートを切っていました。

※動画を見られるQRコードは151ページにあります。

2024年3月2日中山5レース3歳未勝利

中山 5 発走 12:30 3歳未勝利（指定） 芝外2200

馬番	馬名	父	母（母父）	性齢・毛色	負担重量	騎手	騎乗成績	クラス賞金	総賞金	厩舎	馬主名	生産牧場	持ち時計	距離別勝利
18	マイネルモメンタム	ゴールドシップ	マイネアルデュール3勝（アドマイヤジコーン）	牡3 芦毛	57	石川裕	0132	0	750	相沢(東)	ラフィアン	新ビッグレ	中芝1489③ 中芝1598② 中芝2198⑥	00000 01000 03000 11001
16	ハーツケリー	ベストウォーリア	チェストケハーツ0勝（ハーツクライ）	牝3 黒鹿毛	☆54	原	0000	0	0	菊川(東)	徳増栄治	ひ沼田照秋	東ダ1436①	00000 00000 00000 00120
15	キャネル	ブリックスアンドモルタル	レッドラヴィータ3勝（スペシャルウィーク）	牡3 栗毛	57	戸崎	0120	0	623	手塚(東)	落合幸弘	安ノーザン	新芝1347④ 中芝1494③ 東芝2024②	00000 01000 01100 00100
14	ソーリヤ	ビーチパトロール	リキアイノキセキ0勝（フジキセキ）	牡3 青鹿毛	▲54	小林勝	0000	0	0	尾形和(東)	天堀忠博	ひ漆原武男	東芝1534⑮ 中芝2047⑭	00000 00000 00000 02000
13	メテオクイン	サトノクラウン	メテオーリカ1勝（ディープインパクト）	牝3 黒鹿毛	55	津村	0000	0	0	鈴木慎(東)	永山勝敏	ひ木村秀則	東芝1356⑪ 東芝1487⑩	00000 00000 00000 01100
12	アドマイヤポーシュ	モーリス	アドマイヤシーマ3勝（ディープインパクト）	牡3 鹿毛	57	坂井瑠	0000	0	180	宮田(東)	近藤旬子	安ノーザン	札芝1538③ 中芝2028⑦	00000 00000 01000 01000
11	タンゴバイラリン	イスラボニータ	リベルタンゴ3勝（スマートストライク）	牡3 黒鹿毛	57	岩田望	0000	0	540	栗田徹(東)	山田弘	蔵社台ファ	東芝1473③ 中芝2007②	00000 01000 02000 00000
10	ルヴェーネ	ジャングルポケット	フェリーチェシチー0勝（マンハッタンカフェ）	牡3 鹿毛	☆56	永野	0000	0	0	尾形和(東)	米津佳昭	新スカイビ	中芝1548⑪ 東芝2020⑧ 福芝2294⑦	00000 00000 00000 14000
9	コスモカンタータ	ゴールドシップ	コスモバルバラ4勝（ロージズインメイ）	牡3 芦毛	57	柴田大	0000	0	0	高木登(東)	ビッグレッドF	新ビッグレ	東芝2051④	00000 00000 00000 01000
8	ベルウッドリアン	キズナ	パールレディ公営（クロフネ）	牡3 鹿毛	57	吉田豊	0002	0	0	高橋文(東)	鈴木照雄	浦ワールド	東芝1501④	00000 00000 00000 02000
7	オウケンシルヴァー	ニューイヤーズデイ	メロウメロディ2勝（キャプテンスティーヴ）	牡3 栗毛	57	武士沢	0002	0	0	松永康(東)	福井明	浦辻牧場	東芝1513⑫ 中芝2196⑬	00000 00000 00000 11001
6	レイフロレット	レイデオロ	レイズアベール4勝（ハーツクライ）	牝3 鹿毛	55	武藤	0001	0	195	黒岩(東)	サンデーR	安ノーザン	中芝1399② 福芝1511⑤ 中芝2012③	00000 00000 01000 01100
5	デュアルウィルダー	ヨシダ	ダンスウィズキトゥン輸入（キトゥンズジョイ）	牡3 鹿毛	57	キング	0010	0	140	堀(東)	有社台RH	白白老F	東芝1487③	00000 00000 01000 00000
4	ミダース	レイデオロ	アイヴィベル輸入（アーチアーチ）	牡3 鹿毛	57	横山武	0000	−	0	栗田徹(東)	キャロットF	胆レイクヴ		00000 00000 00000 00000
3	ウェイトゥザドーン	ジャスタウェイ	ソワー輸入（フラッター）	牡3 鹿毛	57	松岡	0112	0	608	戸田(東)	有GIR	安追分F	中芝1364④ 東芝1476④ 東芝1599②	00000 01000 01000 02100
2	ラストヒロイン	カリフォルニアクローム	リリアンタイム2勝（ブライアンズタイム）	牝3 鹿毛	▲52	石神深道	0000	0	0	武井(東)	ザ・チャンピオ	ひチャンピ	右ダ1515⑤ 中ダ1593⑨	00000 00000 00000 02100
1	ノールシャピートル	ビーチパトロール	ハルシュタット1勝（ファスリエフ）	牡3 黒鹿毛	57	内田博	0000	0	0	菊川(東)	永見貴昭	ひ岡田スタ	中ダ1579⑧ 東芝2029⑦ 三ダ2230④	00000 00000 00000 13000

予想印（本紙ほか）：小木曽大祐 久保木正則 黒津紳一 郡和之 中西徹 本紙

マイネルモメンタム 兄弟馬：ペルソナリテ

開催	クラス・着順	コース・タイム	馬体重・着差	斤量・騎手	頭数・馬番・人気	通過順・上がり	寸評	勝ち馬
5中④12.10	未勝利 3	三内2018	468Ⓜ1.1	56石川裕	18ト8ﾄ3人	⑥⑥⑥36.4	直不利36.4	エコロレイズ
1中① 1.6	未勝利 混 2	三内1598	470Ⓜ0.0	57石川裕	17ト2ﾄ4人	⑤⑥⑤36.3	好位伸34.9	ミッキーラッ
1中⑦ 1.21	未勝利 混 6	三外2198	470Ⓗ0.8	57石川裕	17ト7ﾄ1人	②②②37.3	先一杯39.0	カムフライ

00000 / 00011 / 10022 / 00022 / ○0001

2024年3月2日　2回中山3日
5R　3歳未勝利

着順	枠番	馬番	馬名	性齢	斤量	騎手	タイム着差	人気	馬体重	増減	厩舎
1	3	⑤	デュアルウィルダー	牡3	57	キング	2:16.5	①	516	−6	堀
2	8	⑱	マイネルモメンタム	牡3	57	石川裕	5	③	472	+2	相沢
3	7	⑮	キャネル	牡3	57	戸崎	1/2	④	484	+8	手塚
4	2	③	ウェイトゥザドーン	牡3	57	松岡	アタマ	⑤	448	−2	戸田
5	7	⑬	メテオクイン	牝3	55	津村	1 1/4	⑭	404	−2	鈴木慎

［配当］

単勝	⑤	240円
複勝	⑤	140円
	⑱	170円
	⑮	200円
枠連	3−8	640円
ワイド	⑤−⑱	380円
	⑤−⑮	430円
	⑮−⑱	530円
馬連	⑤−⑱	930円
馬単	⑤→⑱	1450円
3連複	⑤−⑮−⑱	2390円
3連単	⑤→⑱→⑮	6940円

2024年2回3日
中山
5 レース

普通 馬連 QUINELLA
5−11 ☆☆☆500円
5−18 ☆☆☆500円
11−18 ☆☆☆500円

3連複 TRIO
5-11-18 ☆☆☆500円
☆-☆-☆ ☆☆☆☆☆☆円
☆-☆-☆ ☆☆☆☆☆☆円

JRA 中山
3月2日
合計 ★★★200枚 ★★★2,000円
0606300801884 1058310622379 70023399 605423

続く、中山6Rにも歩きのいい馬が。

こちらは3歳1勝クラスの芝1600m戦、12頭立てです。

注目したのは6枠7番ベストオブユー。ボクの持っていた新聞では、△がぽつりぽつり。単勝は6番人気、27.1倍の伏兵です。

こちらも**パドックのやや外めを歩いてはいますが、踏み込みがものすごく深いと言うよりも、とにかく後肢の運びにリズムがある。加えて、その脚どりに力強さがありました。首もまずまず使えているのと、ボクらの前を通る時に、やる気というか、圧を感じさせる歩き。生き物ですから、その感覚も大事なんです。**

そのやる気が形になったのか、ベストオブユーは初めて逃げの手に出ます。ゴール直前、この馬をマークするかのようにレースを進めていた2番人気の馬に、3/4馬身だけ交わされての惜しい2着！

それでも6馬人気2着ですから、パドックで見つけた穴馬と胸を張っていいかと思います。

天野カメラマンは、またも馬連3390円を的中！　編集の松下さんも複勝310円を厚めにゲット！　お見事でした。

2024年3月2日中山6レース3歳1勝クラス

中山 6 発走 13:05 — 3歳1勝クラス (混)(特指) 芝外1600

レコード 1.30.3 トロワゼトワル 52横山典

賞金(万円) ①780 ②310 ③200 ④120 ⑤78

枠馬番	白1 ①	黒2 ②	赤3 ③	青4 ④	黄5 ⑤	黄5 ⑥	緑6 ⑦	緑6 ⑧	橙7 ⑨	橙7 ⑩	桃8 ⑪	桃8 ⑫
馬名	タイガードラゴン	ウインアクトゥール	プレシャスシル	クリーンエア	スパークリシャール	アフィリオン	ベストオブユー	ロアノークテソーロ	ニコラウス	スーパーバイザー	カレンナオトメ	スケルツォ
父	ミュゼスルタン	ゴールドアクター	パゴ	リアルインパクト	スワーヴリチャード	サトノダイヤモンド	ニューイヤーズデイ		リアルスティール	ルーラーシップ	カレンブラックヒル	トランセンド
母(母父)	ミュゼリトルガール2勝(ディープインパクト)	ポートドラルーン0勝(チチカステナンゴ)	プレシャスフラワー0勝(サンデーサイレンス)	シルヴァンソング輸入(ストリートクライ)	スパークオンアイス2勝(シンボリクリスエス)	イストフールファム4勝	ナチュラルスタイル0勝(ディープインパクト)	ライトファンタスティック輸入(アクラメイション)	ピースパーグ輸入(サージュブール)	セレブレーション0勝(ハーツクライ)	オルレアンノオトメ3勝(チーフベアハート)	エメラルドタワー0勝(アドマイヤマックス)
性齢毛色	牡3 鹿毛	牡3 芦毛	牝3 鹿毛	牡3 青鹿毛	牡3 鹿毛	牡3	牡3 鹿毛	鹿毛	牡3 鹿毛	牡3 鹿毛	牝3 栗毛	牝3 鹿毛
負担重量	★53	57	55	57	57	57	57	55	57	57	☆54	▲52
騎手	替 大江原比	替 松岡	替 野中	替 大野	替 Mデムーロ	戸崎	替 坂井瑠	木幡	横山武	吉田豊	替 永野	替 小林勝
騎乗成績	0000	0000	0000	1011	1000	000	0000	100	1100	1000	0000	0000
クラス 賞金	1勝 400	1勝 400	0	1勝 400	1勝 400	勝 400	1勝 400	1勝 4	1勝 400	1勝 400	1勝 400	0
総賞金	720	950	0	1506	1480	720	992	79	1150	620	1483	0
厩舎	黒岩(東)	栗田徹(東)	菊川(東)	上原博(東)	小島茂(東)	賀慎(東)	久保田(東)	牧	上原佑(東)	菊沢(東)	小野次(東)	矢野英(東)
小木曽大祐				▲	▲	○	△		◎	△		
久保木正則				▲	◎	△		△	○	△	△	
黒津紳一				△	○	▲	△		◎	△	△	
郡和之				△	◎	▲	△		○	△	△	
中西徹				△	○	△	△		◎	▲	△	
本紙		△		△	◎	▲	△		○	△		
馬主名	梅 ORTEGA	梅 ウイン	橋本善太	ゴドルフィン	西見徹也	ルクレーシ	中村祐子	了徳寺健二H	中辻明	高嶋航	有 ミルファーム	酒井喜生
生産牧場	ひ タツヤフ	新 メイタイ	安 橋本牧	日 ダーレー	安 ノーザン	ノーザン	ひ ケイアイ	新 田端牧	白 白老F	浦 吉田ファ	浦 ミルF	浦 赤田牧場
最高時計(前3F・1400・1600・1800)	東芝35.1⑧ 東芝1216⑧ 中芝1381❶	東芝35.2⑥ 東芝1347⑥ 新芝1474②	東芝36.3⑬ 千ダ1158⑪ 東芝1501⑬	阪芝34.9⑯ 新芝1341③	東芝35.4① 東芝1215③ 東芝1342① 札芝1488②	芝36.0❾ 芝1538❾	中芝36.3③ 中芝1341③	東芝35.8 東芝1225 中芝1358	東芝35.3① 東芝1214②	東芝37.8① 東芝1495①	函芝35.8❺ 東芝1225① 東芝1343⑩	中ダ35.0⑮ 千ダ1151⑮ 東芝1391⑰
距離別勝利	00101 00000 00000 00020	01000 01000 01000 01101	00000 00000 00000 03010	00101 00000 00101 00202	00101 03000 00010 00000	1000 0000 0000 1000	00101 00000 00101 00101	0001 0000 0000 0022	00010 00020 00000 00000	01000 00000 00000 00000	00010 00010 00111 00313	00000 00000 00000 00111
兄弟馬	ブリュンヒルデ	スターソルジャー	ウインドミネーター	ハーシェル	スパークインザアイ	月14日生		リバティベ	センスオブピース	3月15日生	ダルマジュン	3月24日生
前走4	4中❻9.23 新馬(混)1 天外1381 436Ⓢ0.5 54永野 16ト12ゲ3人 ①①①37.7 楽逃切35.1 ルヴニール	3新⑧9.3 未勝利(混)1 二内2014 416Ⓜ0.1 55川田 13ト12ゲ2人 ③②②36.0 二位抜36.2 ローンウルフ	5中①12.2 未勝利 牝 10 天ダ1595 418Ⓜ2.6 55丹内 16ト4ゲ14人 ⑮⑮⑪39.1 後方詰40.6 リーチユアド	3新⑥8.27 新潟2歳GⅢ 3 天外1341 462Ⓢ0.3 55大野 12ト11ゲ4人 ⑤⑤⑦36.1 中位伸33.6 アスコリピチ	4中⑦9.24 未勝利(混)2 天内1489 470Ⓜ0.2 55浜中 12ト7ゲ1人 ①①①36.1 逃粘る36.8 Ⓒテリオスサ	初仔 ジュリオ ベネフィック		5東③11. オキザリ1勝 1 西ダ127 460Ⓗ2. 55木幡 16ト2ゲ16 ⑭⑯⑯36. 後方儘38. ノヴァエク	4東⑥10.21 新馬 2 西芝1228 434Ⓢ0.1 56岩田望 12ト9ゲ2人 …⑥⑤37.2 一旦抜33.4 アトリウムチ	父方 芝◎中◎ダ〜距離○ 母方 芝△中〜ダ長△ (普通)	5東④11.12 未勝利 牝 1 西芝1225 412Ⓜ0.1 55菅原明 16ト11ゲ4人 …⑪⑨36.2 後追込34.4 フォルクスリ	メイショウバイタル③ メイショウフクイク① メイショウダジン現 メイショウモズ現
前走3	5東①11.4 京王2歳GⅡ 8 西芝1216 432Ⓜ1.0 56永野 12ト10ゲ10人 好位下34.7 コラソンビー 3ヵ月休放牧	4東①10.7 サウジアGⅢ 6 天芝1347 414Ⓢ1.3 56横山武 9ト6ゲ6人 好位下35.3 ゴンバデカー 3ヵ月半休放牧	1東⑧2.18 未勝利 13 天芝1501 422Ⓢ1.7 52小林勝 16ト6ゲ16人 ①①①36.3 逃一杯35.7 ベストミーエ	3京③11.11 デイリーGⅡ 8 天外1352 464Ⓜ0.7 56大野 11ト1ゲ6人 ⑨⑥⑥35.8 出遅不35.1 ジャンタルマ	4東②10.8 未勝利(混)1 天芝1342 470Ⓜ0.1 56Mデムーロ 14ト8ゲ1人 好位抜34.9 ツルマウカタ 4ヵ月休飛節	東⑥10.21 新馬 1 芝2016 2Ⓢ0.3 ルメール 16ゲ2人 切る34.1 スターボ 月休放牧	初仔	5東⑤11. 1勝(混)5 西芝122 456Ⓜ0. 55木幡 9ト7ゲ6 好位下34 サトミノキ 3ヵ月休放	5東①11.4 未勝利(混)1 西芝1216 434Ⓢ0.5 56横山武 15ト5ゲ1人 二位抜34.1 メイザーキッ 3ヵ月休放牧	サクセスフェイト サクセスシルエット ワインレッド サクセスカッシーナ	1中②1.7 フェアリーGⅢ 11 天外1346 418Ⓜ0.6 55菅原明 14ト8ゲ13人 ⑫⑩⑨36.0 二角躓34.9 イフェイオン	4東①10.7 新馬 牝 17 天芝1391 440Ⓢ4.1 54原 18ト11ゲ14人 二位下39.0 ミエノジュピ 4ヵ月半休ノド
前走2	1東⑤2.10 1勝(混)13 西芝1227 448Ⓢ1.8 56永野 13ト8ゲ6人 …⑥⑥36.4 中位下34.6 ソンシ	1中❼1.21 若竹1勝 7 天内1532 430Ⓗ1.1 57ビーヒュレク 11ト3ゲ8人 ④③⑤36.4 直不利38.5 ルカランフィ	1阪①2.24 未勝利 11 壬ダ1158 418Ⓜ3.3 55太宰 15ト9ゲ15人 ⑯⑯⑯37.0 中位下38.8 ローガンパス	5阪⑥12.17 朝日FS GⅠ 16 天外1350 470Ⓗ1.2 56鮫島駿 17ト9ゲ14人 ②③④34.9 好位下36.0 ジャンタルマ	1東⑤2.10 1勝(混)3 西芝1215 482Ⓢ0.6 57田辺 13ト12ゲ4人 …②②35.4 二位粘34.3 ソンシ	中❼1.21 竹1勝 9 内1538 76Ⓗ1.7 ルメール 5ゲ1人 ①①36.0 一杯39.5 カランフィ	3新⑥8.27 新馬(混)1 天外1392 406Ⓢ0.0 55吉田隼 12ト5ゲ9人 ④⑤⑤39.0 G前差33.5 ジャンバラヤ	2中①2.2 1勝 6 天外135 466Ⓜ0. 55木幡 11ト2ゲ6 ③③④36 好位下35 デビッドテ	1東⑤2.10 1勝(混)2 西芝1214 448Ⓢ0.5 57横山武 13ト9ゲ2人 …⑩⑨36.8 後方伸33.0 ソンシ	1東④2.4 新馬(混)1 天芝1495 460Ⓢ0.2 57吉田豊 16ト14ゲ6人 ①①①37.8 逃切る34.0 キングブルー	1東⑤2.10 クイーンCGⅢ 10 天芝1343 424Ⓢ1.2 55菅原明 13ト9ゲ11人 ⑧⑧⑧36.3 中位儘34.8 クイーンズウ	2中①2.24 未勝利 牝 15 壬ダ1151 460Ⓗ3.5 54原 16ト9ゲ5人 ⑥②⑥35.0 好位下40.1 パレスドフィ
前走1							4中①9.9 アスター1勝 3 天外1341 410Ⓢ1.0 55田辺 8ト8ゲ5人 中位伸34.5 キャットファ 5ヵ月休放牧					
最終							1東⑧2.18 1勝(混)9 天芝1364 426Ⓢ0.7 57田辺 12ト2ゲ9人 ⑫⑫⑪37.6 出遅不33.9 ポッドテオ					
中山芝・右芝・右ダート・左ダート・左芝	00011 00000 00000 20000	10000 10000 00010 10011	00000 00000 00000 20200	10000 00000 10000 00020	10000 00031 10000 00000	0000 0000 0000 0011	10000 00000 00011 10000	1000 0000 0000 1102	10000 20000 00000 00000	10000 00000 00000 00000	10000 00010 00021 10032	00000 00000 00000 10100
→芝重 勝利	○1000	○0001	○0000	○0000	○0000	0001	○0000	○000	○0000	○0000	○0101	○0000

2024年3月2日　2回中山3日
6R　3歳1勝クラス

着順	枠番	馬番	馬名	性齢	斤量	騎手	タイム着差	人気	馬体重	増減	厩舎
1	5	⑤	スパークリシャール	牡3	57	M.デムーロ	1:35.1	②	484	+2	小島
2	6	⑦	ベストオブユー	牡3	57	坂井瑠	3/4	⑥	424	−2	久保田
3	4	④	クリーンエア	牡3	57	大野	1 1/2	③	472	+2	上原博
4	7	⑨	ニコラウス	牡3	57	横山武	1 1/2	①	438	−10	上原佑
5	2	②	ウインアクトゥール	牡3	57	松岡	1 1/4	⑦	430	±0	栗田

［配当］

単勝	⑤	320円
複勝	⑤	130円
	⑦	310円
	④	160円
枠連	5−6	1870円
ワイド	⑤−⑦	690円
	④−⑤	300円
	④−⑦	1620円
馬連	⑤−⑦	3390円
馬単	⑤→⑦	5520円
3連複	④−⑤−⑦	4470円
3連単	⑤→⑦→④	25440円

2024年2回3日
中山
6 レース

普通 馬連 QUINELLA
1 - 5 ☆☆☆500円
5 - 7 ☆☆☆500円
☆ - ☆ ☆☆☆☆☆☆円

3連複 TRIO
1-5-7 ☆☆☆500円
☆-☆-☆ ☆☆☆☆☆☆円
☆-☆-☆ ☆☆☆☆☆☆円

JRA 中山
3月2日
合計 ★★★150枚 ★★★1,500円
0606300947313 1058210167696 10068139 605428

2024年2回3日
中山
6 レース

単勝 WIN
7 ベストオブユー
☆☆☆300円

複勝 PLACE SHOW
7 ベストオブユー
☆☆1,000円

JRA 中山
3月2日
合計 ★★★130枚 ★★★1,300円
0606300933508 1012110305661 00032681 605411

2度あることは3度ある？　続く中山7Rでも、狙いたくなる馬を発見。

4歳以上1勝クラスのダート1200m戦、16頭立て。5枠9番ナスノカンゲツです。

前走は京都に遠征し、11番人気で2着と穴をあけた馬。まだ馬券的妙味が残っているはずとオッズを見たら、3番人気で単勝7.6倍。⑭サトノガレオンが1.6倍の一本被りだったので、買い方によっては美味しい馬券になるパターンです。

この馬も、**パドックの外めをグイグイと。柔らかい歩様で、厩務員さんも早や足になるくらいの前進気勢で歩いています。**動画をご覧になる方は、終盤のパドックのコーナーの回り方にご注目。**前を歩く⑧デフィデリの歩く位置と比べると、いかに外を回っているかが確認できる**かと思います。

結果はハナ差の2着！　勝ったのは圧倒的1番人気のサトノガレオン。天野カメラマンも松下さんも馬連が見事的中。ただ、天野カメラマンは馬単を、松下さんは単勝も持っていたので、このハナ差は相当痛かったはず。当たって天を仰ぐという、贅沢なタメ息が口をついていました(笑)。

2024年3月2日中山7レース4歳以上1勝クラス

中山 7 発走 13:35

4歳以上1勝クラス (混)(指定)・定量 ダ1200

ヒダ1.08.4 ハコダテブジョウ 56石川裕 22年9月24日

推定タイム 良 1.12秒台 重 1.11秒台

賞金(万円) ①800 ②320 ③200 ④120 ⑤80

枠	馬番	馬名	性齢	負担重量	騎手	厩舎
白1	1	セキテイオー	牡5	58	Mデムーロ	田中剛
白2	2	ノーブルヴィクター	牡4	58	武士沢	水野
黒2	3	カリュウ	牡5	☆55	永野	田島俊
黒2	4	キャビネットバトル	牡4	☆57	横山琉	土田
赤3	5	ゼンリョクダンス	牡4	56	内田博	鈴木慎
赤3	6	ヤマニンエルモサ	牝7	56	大野	辻
青4	7	ヴォンヌヴォー	牝4	56	柴田大	菊川
青4	8	デフィデリ	牡5	55	小林勝	田
黄5	9	ナスノカンゲツ	牡4	58	横山武	武井
黄5	10	エスペラント	牡5	58	武藤	武藤
緑6	11	トロピカルヒーロー	牡4	▲55	長浜	根本
緑6	12	オンザブロッサム	牡4	56	丸山	大和田
橙7	13	サクラファシナンテ	牝6	56	坂井瑠	尾関
橙7	14	サトノガレオン	牡4	58	キング	堀
桃8	15	トーアスカーレット	牝5	56	横山和	勢司
桃8	16	チャイムリープ	牝5	56	木幡巧	本間

5 9 ナスノカンゲツ

ダイワメジャー
フリスコベイ(ハードスパン) 1勝
栗毛 牡4
58
横山武 1102
1勝 400
1358
武井(東)
▲ △ ○ ▲ ○
那須野牧場
那須野牧
ダ 35.7 / 京ダ 1129 / 東ダ 1266 / 東ダ 1374
0 1 0 0 0 / 0 1 0 1 1 / 0 0 0 0 0 / 1 5 2 3 1
ブッシュガーデン

開催	成績	タイム	体重	騎手	頭数・人気	通過・上がり	脚質	勝ち馬
4中⑥9.23	1勝混13	芝内2039	500⑤1.4	55黛	13,13↑11	②②②37.6	二位下36.5	メジャーク
4東①10.7	1勝混9	ダ1266	498M2.1	56大野	15,4↑11	⑬③④37.1	出遅不37.1	ハッピーア
5東⑧11.26	1勝混6	ダ1270	504M0.7	57大野	16,8↑11	③③③36.4	先一息37.6	キャプテン
4阪③12.9	1勝混6	ダ1135	502H1.1	57モリス	16,10↑7	⑬①⑫35.7	後方詰37.8	ストリンジ
2京⑤2.10	1勝混2	ダ1129	508M0.1	57田口	16,4↑11	⑤⑤④36.3	好位伸36.6	ウイスキー

0 0 1 0 1 / 0 0 1 1 0 / 0 0 0 0 0 / 0 5 3 3 2 / ○0 0 0 2

2024年3月2日　2回中山3日
7R　4歳1勝クラス

着順	枠番	馬番	馬名	性齢	斤量	騎手	タイム着差	人気	馬体重	増減	厩舎
1	7	⑭	サトノガレオン	牡4	58	キング	1:11.0	①	530	2	堀
2	5	⑨	ナスノカンゲツ	牡4	58	横山武	ハナ	③	508	±0	武井
3	8	⑮	トーアスカーレット	牝5	56	横山和	3	⑦	472	−8	勢司
4	6	⑪	トロピカルヒーロー	牡4	55	▲長浜	クビ	⑤	520	+12	根本
5	7	⑬	サクラファシナンテ	牝6	56	坂井瑠	1 1/2	⑧	524	±0	尾関

［配当］

単勝	⑭	160円
複勝	⑭	110円
	⑨	200円
	⑮	430円
枠連	5−7	470円
ワイド	⑨−⑭	300円
	⑭−⑮	720円
	⑨−⑮	1920円
馬連	⑨−⑭	520円
馬単	⑭→⑨	670円
3連複	⑨−⑭−⑮	2900円
3連単	⑭→⑨→⑮	7800円

2024年2回3日
中山
7 レース

ワイド（拡大馬連） QUINELLA PLACE

9◆14 ☆☆☆500円
☆◆☆ ☆☆☆☆☆☆円
☆◆☆ ☆☆☆☆☆☆円

普通 馬連 QUINELLA

9－14 ☆☆☆500円
☆－☆ ☆☆☆☆☆☆円
☆－☆ ☆☆☆☆☆☆円

JRA 中山
3月2日

合計 ★★★100枚 ★★★1,000円
0606301078458 1075110896972 00068165 605428

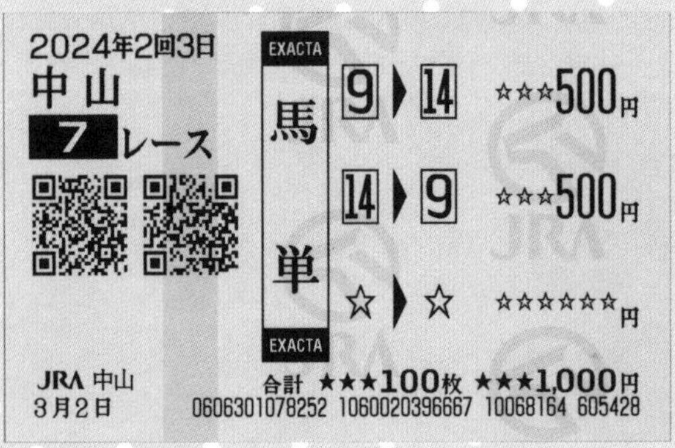

2024年2回3日
中山
7 レース

EXACTA 馬単 EXACTA

9▶14 ☆☆☆500円
14▶9 ☆☆☆500円
☆▶☆ ☆☆☆☆☆☆円

JRA 中山
3月2日

合計 ★★★100枚 ★★★1,000円
0606301078252 1060020396667 10068164 605428

2024年2回3日
中山
7 レース

単勝 WIN

9 ナスノカンゲツ
☆☆☆500円

普通 馬連 QUINELLA

9－14 ☆☆1,000円
☆－☆ ☆☆☆☆☆☆円
☆－☆ ☆☆☆☆☆☆円

JRA 中山
3月2日

合計 ★★★150枚 ★★★1,500円
0606301065440 1015110004656 80024142 605414

「いやぁ、前回も思いましたが、パドックは大切ですね。そして、何より面白い！」。ふたりが口を揃えて言っていた言葉です。

こんなふうに感じられるようになったら、競馬場のパドックに足を運ぶのが、実に楽しくなります。馬券の的中にも繋がるのですから、あなたも是非、馬を見る目を磨いてみて下さい！

いかがでしたか？

やっぱり、動画を見てもらうのが一番ということで、文中で挙げた3頭のパドックでの歩きを、ボクなりの解説付きで動画をＵＰしておきました。

ＱＲコードからご覧になってみて下さい。

5R ⑱マイネルモメンタム

6R ⑦ベストオブユー

7R ⑨ナスノカンゲツ

ボクのパドックの見方が正しいのかどうかは、ボクにもわかりません。ただ、“自分の好きなパドックの歩き方”だと、胸を張って言うことができます。

とにかく、たくさんパドックで馬を見て、自分の基準、自分の物差しを作ってみて下さい。

そうすれば、何気なくパドックを眺めていても、歩きのいい馬が、自然と目に飛び込んできますから！

返し馬を見る

第３章の終わりに少しだけ**「返し馬」**についてお話しします。返し馬とは、レース前のウォーミングアップのこと。

パドックの周回を終えた出走馬たちが、ジョッキーを背に、地下馬道を通って、コースへと出て行きます。そして、思い思いのウォーミングアップを始めます。これからレースですから、みんな気合いを乗せて走り出します。

この返し馬で見るべきポイントは、３つと言われます。

まずは、**入り際**。

鞍上との呼吸が合って、スムーズに走りに入れたか。スーッとスタート出来るのが良いとされます。

次に、**折り合い**。

走っている最中に、首を高く上げて、顔を左右に、イヤイヤをするように振っていないか。行きたがる馬を抑えようと、ジョッキーが過剰に手綱を引っ張ってはいないかなどをチェックします。

最後に、**止め際**。

ここもジョッキーの意思通りに、スムーズに減速、そして止まるのがいいとされます。

これであなたも
競馬通

『本馬場と馬場』

競馬場に本馬場はひとつで、ＪＲＡの競馬場の場合、本馬場は芝コースを指します。

なので、実況のアナウンサーが、「それでは、出走各馬の本馬場入場です」と言ったなら、それは芝のレース。「馬場入場です」なら、ダートまたは障害のレース。

地方競馬の場合、本馬場はダートコースとなります。

いずれも見るべきは、馬の精神状態も含めた当日のコンディションと、馬と騎手との意思疎通が上手く出来ているかどうか。

特に、初めてのコンビや、人気の馬がパドックで必要以上にイレ込んでいた時などは、返し馬までしっかりとチェックしましょう。

そこでも折り合い面に不安があるようだと、レースにも影響して、思わぬ凡走に終わってしまうことも。

たくさんの馬が、ほぼ一斉に返し馬に入るので、すべての馬を見るのは、まず不可能。それゆえ、どの馬の返し馬をチェックするかは、パドックの時点で決めておくことを、お勧めしたいと思います。

第4章

調教・血統・矯正馬具とは？

競馬の予想には、他にも重要なポイントがいくつもあります。
ここからは、その中から、「調教」、「血統」、「矯正馬具」についてお話ししていきます。

調教とは？

調教とは、レースに向かうまでのトレーニングのこと。

追い切りとも呼ばれ、レース当該週の水曜日か、木曜日に行われる強めの稽古のことを、“**最終追い切り**”と言います。

競走馬は、東西のトレーニングセンターで生活をし、調教を積むと書きましたが、それぞれのトレセンに様々な調教施設があり、調教師は馬の状態に合わせてコースを選び、トレーニングを行います。

主な調教コースを紹介していきましょう。

ウッドチップ〔W〕

走路に細かく砕いた木片を敷き詰めたコース。クッション性が高く、脚への負担が少ないとされます。

坂路（はんろ）〔坂〕

その名の通り、傾斜の付いた坂道を駆け上がるコース。ウッドチップが敷かれ、平坦なコースほどは、タイムが出ません。蹴る力が必要なので、後肢を鍛えるのにはもってこいの調教コースとされます。

芝、ダート〔芝、ダ〕

実戦に近い形での調教を行うコースです。それぞれの適性を試す場合にも使われます。

これであなたも競馬通

『負けず嫌いじゃない…』

１着が同着でない限り、１つのレースに勝ち馬は１頭のみ。ハナ差で、僅か数センチの２着でも、負けは負け。出走馬のほとんどが負けるのです。

日本を代表するジョッキーの１人、武豊騎手は言いました。

「競馬は負けるスポーツ。だから、ボクは“負けず嫌い”じゃない。“勝ちたがり”なんです」。

けだし名言ですよね。

ポリトラック〔P〕

電線被覆材やポリエステル不織布に、ワックスを混ぜて作った人工の馬場。水捌けが良く、天候に左右されないことから、オールウェザーとも呼ばれます。走行時の反動が少なく、グリップが良いため、速いタイムが出やすいのが特徴です。

人が促して馬を走らせることを、**"追う"**と言います。その追い方ですが、基本的には次の3つがあります。

馬なり

馬の気持ちに任せて、楽に走らせる。

強め

鞍上（騎手）が、少し馬を促しながら走らせる。

一杯

鞍上が、目一杯追って、馬を走らせる。

さらに、走らせる際には、次のようなパターンがあります。

単走

1頭で走らせる。

併走

2頭以上で走らせる。これを“併せ馬(あわうま)”とも呼びます。

これでアナタも競馬通

『調教のあれこれ』

東西トレーニングセンターの坂路コースは、1985年に、まず栗東トレセンに作られ、そこから飛躍的に関西馬の成績が向上。東高西低と言われていた勢力図を、西高東低にひっくり返すことに成功します。

これを受けて、1992年、美浦トレセンにも坂路コースが作られ、改修工事と各厩舎のスタッフの創意工夫で、強い馬作りに励んでいます。

また、調教コースにはプールもあります。利点としては、脚元に負担をかけずに運動が出来ること。心肺機能を高められること。リフレッシュ出来ること、などが挙げられますが、実はもうひとつ…。

馬が泳ぐ際、人が手綱を持って、プールサイドを歩いてあげるのですが、初めはおっかなびっくりの馬にとって、手綱はまさに命綱。一緒に歩いてくれる人だけが頼りになるわけで。人にちょっぴり反抗的だった馬が、人に対して従順になる。そんな意外な効果もあるようです。なんかカワイイ話ですよね(笑)。

調教タイムに関しては、コースの内を通るか、外を通るか。整地された直後のキレイなコースか、たくさんの馬が走った後の荒れたコンディションかなどで、変わってしまいます。そこは“プロの目”を借りるのが一番(笑)。

競馬新聞には、調教欄というのが載っていて、採点や短評、さらに最も動きの良かった馬は、“イチ推し”などのタイトルを付けて、推奨したりもしています。これを参考にするのがいいと思います。

調教タイムは、**基本的に1F＝200 m**がベースになっていて、1000 m、800 m、600 m、(400 m)、200 mの通過タイムが出ていると思って下さい。

どのコースでも、全体時計と、ラスト3F、ラスト1Fの時計に着目。そのタイムを、どんな追い方で出したのかに注目してみて下さい。

調教の話は、調教のプロに聞いてみようということで、『調教捜査官』としてテレビやイベントでも大活躍の、競馬評論家・井内利彰さんにお話を伺いました。

「馬は、スタートからゴールまで、ずーっと全速力で走っているわけではありません。ゴールに向かって、加速していっているのです。

それをトレーニングでちゃんと出来るようになれば、レースでもゴール前まで、しっかり走れるようになりますよね。

2023年11月26日東京11レース・ジャパンカップ 調教欄

東京 12R　TMイチ推し②イクイノックス
もの凄い集中力で圧倒　完成の域

東京12R　1000　800　600　200 コース 脚いろ

①リバティア 栗CW良 7F98.8 67.1 52.2 37.2 11.7⑧馬なり先
10栗坂助手 526 378 125馬なり
16栗CW良助　手 6F86.8 71.3 55.7 39.5 12.0⑧馬なり
22栗CW良川　田 6F80.7 65.5 50.9 36.4 11.0⑧馬なり先
（古1勝レッドラグラス叩一杯の内を追走2馬身先着）
↗ 動きにムダがなく抜群の加速力。仕上がり万全。【A】

②イクイノッ 美W稍 67.6 52.5 37.3 11.3④馬なり先
12美坂助手 549 401 128馬なり
15美DW稍助　手 7F97.7 66.2 51.5 37.3 11.4③馬なり併
19美坂助手 527 384 123馬なり
22美DW稍助　手 67.5 52.4 37.8 11.3③馬なり先
（古3勝サスツルギ一杯の内を追走半馬身先着）
↗ もの凄い集中力で圧倒。競走馬としては完成の域。【A】

③タイトルホ 美W稍 66.4 51.3 37.6 11.5⑥馬なり
2美DW稍原田和 67.6 52.4 37.6 11.5⑧馬なり
9美DW稍原田和 68.9 53.1 37.9 11.3⑦馬なり
16美DW稍横山和 65.1 50.5 36.5 11.3⑦直一杯併
22美DW稍横山和 65.9 51.0 37.0 11.4⑦馬なり併
（古2勝メジャークロニクル馬なりの内を追走併入）
→ もう一段階良くなるが、直前は気迫溢れる伸び脚。【B】

④スタッドリ 栗CW良 6F85.8 69.4 53.6 37.7 11.4⑦末強め遅
16栗CW良助　手 6F87.7 70.8 55.1 39.8 12.1⑧馬なり併
22栗CW良小　坂 6F81.4 66.2 51.7 37.1 12.1⑧一杯追先
（古1勝ワイドアラジン一杯の内を追走クビ先着）
→ 理想はもう1本だが、太めなく体はできている。【C】

⑤ドウデュース 栗坂 助手 52.8 37.8 12.0 馬なり
9栗CW良助　手 7F96.6 65.9 51.2 36.0 11.4⑧馬なり
16栗CW良藤岡康 6F80.1 65.0 50.3 35.3 11.1⑥末一杯先
19栗CW稍助　手 6F86.0 71.7 56.5 39.9 11.3⑨馬なり
22栗DP良助　手 66.3 51.7 38.0 11.3⑧馬なり併
（古2勝ジュンブルースカイ馬なりの内を追走併入）
↗ シャープな脚さばきで抜群の反応。上積みある。【A】

⑥フォワード 美W稍 69.1 53.4 38.7 11.7⑦馬なり
25美DW稍助　手 6F81.9 66.6 52.4 38.5 12.5⑤馬なり
1美DW稍助　手 6F83.0 67.3 52.6 38.3 12.0⑤馬なり
8美DW稍助　手 6F81.6 65.8 50.7 36.7 11.7④馬なり
15美DW稍助　手 6F81.7 65.4 51.0 37.1 11.7②馬なり
22美DW稍　黛 6F84.5 68.1 53.0 38.6 12.2②馬なり
→ 自分のリズムで気持ちよく走れている。気配良好。【B】

⑦イレジン （外国招待馬）
23東京ダ稍助　手 15.1 15.4 15.3 向正面
24東京ダ良助　手 14.8 14.2 14.8 14.5 向正面
25東京ダ良助　手 15.0 14.4 14.6 14.1 向正面
☆ 柔らかい走法。気合のりも良く、仕上がりはいい。【B】

⑧パンサラッ （海外遠征）
9栗坂助手 537 390 130馬なり併
15栗CW良助　手 6F81.8 66.7 52.9 38.1 11.8⑧一杯追先
19栗CW稍助　手 6F78.9 64.2 49.7 35.3 11.7⑥強めに
22栗坂助手 543 391 118馬なり
→ 休養明けでもう1本ほしい調整過程。万全とは？【C】

⑨ヴェラアズール 栗坂 松山 53.7 39.1 12.6 馬なり
8栗CW稍助　手 6F87.5 70.7 54.6 38.3 11.6⑥馬なり
15栗CW良助　手 6F83.3 67.3 51.8 36.7 11.5⑥G前追
19栗坂助手 559 398 128馬なり　22栗坂助手 537 373 126一杯追
→ 昨年時の迫力には及ばぬが、動き自体は悪くない。【B】

⑩ダノンベル 美W稍 6F82.0 65.4 50.8 36.8 11.5⑦馬なり併
16美DW稍モレイラ 6F84.6 68.5 53.6 38.2 12.3④馬なり併
22美DW稍モレイラ 6F84.1 67.6 52.4 37.8 11.9⑧馬なり併
（古3勝エスコバル馬なりの外で先行併入）
↗ これでもセーブしたが唸るような気迫。上昇確実。【A】

⑪トラストケンシン 美坂 助手 57.5 39.8 12.5 馬なり併
25美坂助手 571 401 129強めに併
1美坂助手 562 406 128G前強　8美坂助手 574 412 133強めに併
15美坂 原 548 400 132馬なり　22美坂助手 567 401 129強めに
→ 先週より走りのバランス良化。予定延びて整う。【C】

⑫チェスナッ 園稍 68.9 51.1 37.9 —⑥馬なり
22園田 良井上幹 69.5 51.7 38.6 12.5③馬なり
☆ 直前は馬なりでも軽快に動けている。デキキープ。【B】

⑬クリノメガ 西良 54.5 39.6 —④馬なり
7西脇 不助　手 74.8 58.6 43.3 —④馬なり
16西脇 稍助　手 65.4 50.7 37.5 —③馬なり
21西脇 良助　手 70.2 54.0 39.5 —⑥馬なり
☆ 確かな手ごたえで反応も良好。状態面は問題なし。【B】

⑭ディープボ 栗CW良 6F82.5 67.0 51.7 36.9 11.3⑦G前追
2栗坂助手 520 376 125強めに　9栗坂助手 531 386 127一杯追
15栗CW良和田竜 6F81.8 66.9 52.2 36.9 11.4⑦一杯追先
22栗CW良和田竜 6F84.3 68.6 53.5 38.1 11.7⑦直強め
→ 先週時点で負荷十分。直前は余裕ある走り、好調。【B】

⑮ショウナン 栗CW良 66.5 50.9 36.3 11.6⑥馬なり併
5栗坂助手 544 389 126馬なり
9栗CW良秋山真 53.1 37.5 11.3⑦馬なり併
15栗CW良Mデムー 70.2 53.8 37.7 11.2⑤強めに併
19栗坂助手 549 397 127馬なり　22栗坂助手 521 376 124強めに併
（2歳オープンクイックバイオ末強めに先行併入）
→ 鋭さこそないが坂路52秒1は自己ベスト。順調だ。【B】

⑯インプレス 栗坂 小加 52.7 37.7 12.2 一杯追
26栗CW良小牧加 6F80.1 65.4 51.2 36.9 11.6⑦一杯追先
1栗CW良助　手 6F83.9 68.3 53.0 37.7 11.7⑦末一杯先
8栗CW稍助　手 6F82.3 67.0 52.2 37.3 11.9⑧馬なり先
15栗CW良助　手 6F81.6 66.3 51.6 37.1 11.9⑥一杯追先
22栗CW良助　手 6F84.2 67.9 51.8 36.7 11.5⑧末強め先
（2歳未勝利ダノンアルム強めの外で先行クビ先着）
→ 格下相手に突き放せず。順調だが上積みどうか。【C】

⑰スターズオ 美W稍 6F82.9 66.6 52.2 37.5 11.3④馬なり先
8美坂助手 575 423 129馬なり　12美坂助手 548 395 125馬なり
15美DW稍杉　原 6F83.3 67.1 52.9 38.2 11.7⑤馬なり先
19美坂助手 551 398 124馬なり
22美DW稍ビュイ 6F81.5 65.4 50.5 35.9 11.4⑥G前強先
（古2勝ステラダイヤ強めの内を追走1馬身先着）
→ 1秒4追走。柔軟性・反応は好調時と遜色なし。【A】

⑱ウインエア 美W稍 68.6 53.7 38.9 11.7④馬なり
15美DW稍助　手 6F84.9 68.2 53.5 38.9 12.1③強めに併
22美DW稍藤田菜 6F82.8 66.4 51.9 37.6 11.8⑥馬なり併
（2歳1勝ニシノコイゴコロ直強めの内を追走併入）
→ 鞍上を背にシャープな伸び。この馬としては充実。【B】

調教からそれを判断するには、スタートからゴールまでの200 mずつのタイムを引いて、その差を見てみればいい。ゴールに向かって、どんどん速くなっているのは、加速のついた、いい調教。

特に坂路の場合、栗東も美浦も、ゴール前の傾斜が一番キツくなっているんです。だから、最後の１Ｆを最も速いラップで駆け抜けた馬の調教は、特にいいと言えます。

中山や阪神など、最後の直線に急な坂のあるコースでは、格好の狙い目になるかもしれませんョ」

なるほど、目からウロコですよね。

井内利彰さんのお話を、具体的に見てみましょう。

イクイノックス

22 美ＤＷ（ウッドチップコース）：67.5-52.4-37.8-11.3 馬なり先

②イクイノッ美W稍			67.6	52.5	37.3	11.3④馬なり先	
12美坂助手	549	401	128馬なり				
15美DW稍助 手	7F97.7		66.2	51.5	37.3	11.4③馬なり併	
19美坂助手	527	384	123馬なり				
22美DW稍助 手			67.5	52.4	37.8	11.3③馬なり先	

（古３勝サスツルギ一杯の内を追走半馳先着）

↗ もの凄い集中力で圧倒。競走馬としては完成の域。【A】

【イクイノックス】

22日の最終追い切りです。

これは、5F（1000m）、4F（800m）、3F（600m）、1F（200m）のタイム。

5Fから4Fの初めの200mは、67.5秒－52.4秒＝15.1秒。

4Fから3Fは52.4秒－37.8秒＝14.6秒。

最後が11.3秒ですから、キレイに加速の付いた調教タイムとなります。

念のため、ラスト3Fを3で割って、平均を出して、最後の1Fと比べてもいいですよね。この場合、37.8秒÷3＝12.6秒。それと比べても、最後の1F 11.3秒は、かなり速いわけです。

もうひとつ、坂路のパターンも挙げておきましょう。

ショウナンバシット
22　栗坂：52.1 - 37.6 - 12.4

⑮ショウナン栗CW良　66.5 50.9 36.3 11.6⑥馬なり併
5栗坂助手 544 389 126馬なり
9栗CW良秋山真　53.1 37.5 11.3⑦馬なり併
15栗CW良Mデムー　70.2 53.8 37.7 11.2⑤強めに併
19栗坂助手 549 397 127馬なり　22栗坂助手 521 376 124強めに併
（2歳オープンクイックバイオ末強めに先行併入）
⊟ 鋭さこそないが坂路52秒1は自己ベスト。順調だ。【B】

【ショウナンバシット】

これは4F（800m）、3F（600m）、1F（200m）の通過タイムです。

初めの200mは、52.1秒－37.6秒＝14.5秒。

37.6秒÷3＝約12.53秒ですから、最後の12.4秒も、しっかり踏ん張った証し。

実は、この馬、坂のある阪神で2勝、中京で1勝を挙げ、同じく坂のある中山の皐月賞というGⅠレースで、5着に頑張っています。

短評にあるように、自己ベストを出した最終の坂路調教。あとは唯一の3歳馬。古馬の一線級に混じってどうかのジャッジだったと思います。

電卓を叩いて、調教からの穴馬、狙い馬を弾き出してみて下さい。

PROFILE

井内利彰（いうち・としあき）

「調教捜査官」として、栗東トレーニングセンターを中心にした取材活動をベースに、フジテレビＯＮＥ「競馬予想ＴＶ」や、ＪＲＡ主催のイベントなどで活躍中。

これであなたも
競馬通

『染め分け帽』

同じ枠に、同じ馬主の馬が入ったら？

中央競馬の場合、騎手がレースで着る勝負服は、馬主デザインの固有のもの。帽色まで一緒となると、どちらの馬だか、判明しづらいですよね。

そこで、帽子を枠の色と白色に分けたものを染め分け帽と言い、同じ馬主の馬が同じ枠に入った時は、馬番の大きい方の馬の騎手が、それを被ります。

同枠の２頭目の馬は、４分割したものを、３頭目は８分割したものを被ります。

ちなみに、白帽色の１枠はどうするかと言うと、白と水色で４分割したものを被ります。

血統を知ろう

サラブレッドは“thoroughbred”と書き、thoroughには“完全に”とか“貫く”の意味が、bredには“種”や“血”などの意味があります。つまり、サラブレッドとは、**徹底的に品種管理された馬**のことを指すんですね。

17世紀、イギリスのスピードとスタミナに長けた在来牝馬に、東洋種の牡馬を種付けしたことに起源を持つサラブレッド。

1793年に、血統登録書である『ジェネラル・スタッド・ブック』が出版されると、すべての馬が血統登録されるようになり、今に至っています。

現在のサラブレッドの父系先祖を辿ると、3頭の馬にさかのぼります。

ダーレーアラビアン、ゴドルフィンアラビアン、バイアリーターク。

この3頭を、サラブレッドの**“三大始祖”**と呼びます。

その血の持つ特性を研究し、交配に交配を重ね、速い馬を作ってきました。その美しい筋肉やフォルムと相まって、サラブレッドは「人間の創った最高の芸術品」と称されるのです。

また、競馬のことを“血のロマン”と言うのも、納得です

ダーレーアラビアン

ゴドルフィンアラビアン

バイアリーターク

これであなたも
競馬通

始祖

昔はもっとたくさんのサラブレッドの始祖が存在しました。例えば、芦毛馬の始祖であるオルコックアラビアンもそう。ところが、淘汰の歴史の中で、今は３頭になったということなんです。

三大始祖の中でも、残存するのは、ほとんどがダーレーアラビアンの子孫。数字は年々変わりますが、その割合は、ダーレーアラビアンが97.8%、ゴドルフィンアラビアンが1.8%、バイアリータークに至っては0.4%ほどと言われます。

ディープインパクトやキングカメハメハなど、日本の競馬を牽引する種牡馬のほとんどが、ダーレーアラビアンの系譜なんです。

よね。

血統は、馬券の予想においても重要で、芝向きなのかダート向きなのか、短距離なのか長距離なのか。はたまた、重馬場の巧拙まで、血統を知ることで、そのレースの向き、不向きを探ることが出来ます。

詳しい論評は、血統評論家さんたちの執筆に譲ることにして、ここでは、ひとつ興味深い血統表を紹介したいと思います。

これは、2011年の皐月賞、日本ダービー、菊花賞を制し、日本のクラシック３冠に輝いたＧＩ６勝馬、オルフェーヴルの４代血統表です。

オルフェーヴルの父は、ステイゴールド。ステイゴールドの父は、“日本の競馬を変えた”とされる、大種牡馬サンデーサイレンス。

一方、オルフェーヴルの母はオリエンタルアート。その父はメジロマックイーン。

メジロマックイーンは、競馬界のレジェンド武豊騎手とのコンビでの活躍でもおなじみですが、その父はメジロティターン、さらにその父はメジロアサマ。実はこの３頭、“父子３代天皇賞制覇”という大偉業を成し遂げているのです。

当時は、秋の天皇賞も芝3200ｍ（現行は芝2000ｍ）で行われていました。でも、そんなメジロマックイーンの血も、種牡馬としては、絶える寸前なんですね。

なぜかというと、長距離を得意とするステイヤーの血が、

オルフェーヴル４代血統表

ステイゴールド	サンデーサイレンス	Halo	Hail to Reason
			Cosmah
		Wishing Well	Understanding
			Mountain Flower
	ゴールデンサッシュ	ディクタス	Sanctus
			Doronic
		ダイナサッシュ	**ノーザンテースト**
			ロイヤルサッシュ
オリエンタルアート	メジロマックイーン	メジロティターン	メジロアサマ
			シェリル
		メジロオーロラ	リマンド
			メジロアイリス
	エレクトロアート	**ノーザンテースト**	Northern Dancer
			Lady Victoria
		グランマスティーヴンス	Lt. Stevens
			Dhow

今の時代の競馬においては主流ではないから。

では、この血は要らないのかというと、とんでもない。母系に入って、こういう大仕事をやってのけるのです。

ステイゴールドは“狂気の血”とも言われ、気性が荒く、それは産駒のオルフェーヴルにも伝わりました。そんなやんちゃな血を、母の父メジロマックイーンの血が、どっしりと、しっかりと、下支えをする。そのことによって、オルフェーヴルは、競走馬としてのギリギリのバランスを保てたのかもしれませんよね。

さらに見て下さい。父系の４代前と、母系の３代前に、同じノーザンテーストの名前があります。

父系または母系の４代前と３代前に同じ血がある時、４×３または３×４と表され、それは**“奇跡の血量”**と呼ばれます。その血が、その馬全体の**18.75%**を占め、その血の特性が最もよく出やすいとされるのです。

一般的に、５代までに近親交配がなされていることをインブリード（またはクロス）と言い、近親交配が無いことを、アウトブリード（またはアウトクロス）と言います。

インブリードがすごくいいかと言うと、体に弱い部分が出る場合もあり、頑健さを求める牧場の中には、インブリードを嫌う生産者もいます。

2017年と2018年の凱旋門賞連覇を果たした、イギリスの名牝エネイブルは、サドラーズウェルズの３×２。実は、とんでもなく近い血の掛け合わせなんです。

逆に、ディープインパクトは、５代までアウトブリード。どちらがいいとは、一概に言えないようです。

エネイブル4代血統表

Nathaniel	Galileo	**Sadler's Wells**	Northern Dancer
			Fairy Bridge
		Urban Sea	Miswaki
			Allegretta
	Magnificient Style	Silver Hawk	Roberto
			Gris Vitesse
		Mia Karina	Icecapade
			Basin
Concentric	**Sadler's Wells**	Northern Dancer	Nearctic
			Natalma
		Fairy Bridge	Bold Reason
			Special
	Apogee	Shirley Heights	Mill Reef
			Hardiemma
		Bourbon Girl	イルドブルボン
			Fleet Girl

ディープインパクト4代血統表

サンデーサイレンス	Halo	Hail to Reason	Turn-to
			Nothirdchance
		Cosmah	Cosmic Bomb
			Almahmoud
	Wishing Well	Understanding	Promised Land
			Pretty Ways
		Mountain Flower	Montparnasse
			Edelweiss
ウインドインハーヘア	Alzao	Lyphard	Northern Dancer
			Goofed
		Lady Rebecca	Sir Ivor
			Pocahontas
	Burghclere	Busted	Crepello
			Sans le Sou
		Highclere	Queen's Hussar
			Highlight

ちなみに父ステイゴールドと、母の父メジロマックイーンの組み合わせには、オルフェーヴルの全兄、ＧＩ３勝のドリームジャーニーが、またＧＩ６勝の芦毛のゴールドシップがいます。

このように、血の相性がいいことを、**“NICKS（ニックス）”**と言います。

よく“良血”と言いますが、今現在、その血が残っている限り、それはある意味“良血”なわけで。

例えば、80年代のアイドルホースだったオグリキャップは、父がヨーロッパで走り、重賞勝ちも無かったダンシングキャップ。母が地方競馬で４勝のホワイトナルビー。母の父はシルバーシャーク。決して“超”の付く良血ではなかったけれど、突然変異的に科学反応を起こしたのでしょう。素晴らしい馬が誕生しました。

このあたりにも、競馬が“血のロマン”と言われる所以が見てとれますよね。

血統は深いです。興味を持ったら、ぜひ色々な書籍を手に取って、読みあさってみて下さい。

血統についても、プロにお話を聞いてみました。血統評論家の平出貴昭さんに、「血統とは？」という質問をぶつけてみたところ、こんな答えが返ってきました。

ゴールドシップ４代血統表

<table>
<tr><td rowspan="8">ステイゴールド</td><td rowspan="4">サンデーサイレンス</td><td rowspan="2">Halo</td><td>Hail to Reason</td></tr>
<tr><td>Cosmah</td></tr>
<tr><td rowspan="2">Wishing Well</td><td>Understanding</td></tr>
<tr><td>Mountain Flower</td></tr>
<tr><td rowspan="4">ゴールデンサッシュ</td><td rowspan="2">ディクタス</td><td>Sanctus</td></tr>
<tr><td>Doronic</td></tr>
<tr><td rowspan="2">ダイナサッシュ</td><td>ノーザンテースト</td></tr>
<tr><td>ロイヤルサッシュ</td></tr>
<tr><td rowspan="8">ポイントフラッグ</td><td rowspan="4">メジロマックイーン</td><td rowspan="2">メジロティターン</td><td>メジロアサマ</td></tr>
<tr><td>シェリル</td></tr>
<tr><td rowspan="2">メジロオーロラ</td><td>リマンド</td></tr>
<tr><td>メジロアイリス</td></tr>
<tr><td rowspan="4">パストラリズム</td><td rowspan="2">プルラリズム</td><td>The Minstrel</td></tr>
<tr><td>Cambretta</td></tr>
<tr><td rowspan="2">トクノエイティー</td><td>トライバルチーフ</td></tr>
<tr><td>アイアンルビー</td></tr>
</table>

オグリキャップ４代血統表

<table>
<tr><td rowspan="8">ダンシングキャップ</td><td rowspan="4">Native Dancer</td><td rowspan="2">Polynesian</td><td>Unbreakable</td></tr>
<tr><td>Black Polly</td></tr>
<tr><td rowspan="2">Geisha</td><td>Discovery</td></tr>
<tr><td>Miyako</td></tr>
<tr><td rowspan="4">Merry Madcap</td><td rowspan="2">Grey Sovereign</td><td>Nasrullah</td></tr>
<tr><td>Kong</td></tr>
<tr><td rowspan="2">Croft Lady</td><td>Golden Cloud</td></tr>
<tr><td>Land of Hope</td></tr>
<tr><td rowspan="8">ホワイトナルビー</td><td rowspan="4">シルバーシャーク</td><td rowspan="2">Buisson Ardent</td><td>Relic</td></tr>
<tr><td>Rose O'Lynn</td></tr>
<tr><td rowspan="2">Palsaka</td><td>Palestine</td></tr>
<tr><td>Masaka</td></tr>
<tr><td rowspan="4">ネヴァーナルビー</td><td rowspan="2">ネヴァービート</td><td>Never Say Die</td></tr>
<tr><td>Bride Elect</td></tr>
<tr><td rowspan="2">センジュウ</td><td>ガーサント</td></tr>
<tr><td>スターナルビー</td></tr>
</table>

「血統は、知らなくても何とかなるけど、知れば、より競馬が楽しくなるもの。歴史を知ったり、ドラマを知ったり。

血統はそれぞれに特色があって、馬券にも役立ちます。

何より楽しいのが、自分の応援した馬が、引退して、親になって、子供を出して。その子がまた競馬場で走る。継続して応援出来る喜びが大きいですね。

また、血統表の中に、知っている馬の名前を見つけるのも楽しい。デビュー前の馬の血統表から「こんな馬かも…」と想像したり。

血統に親しんでおくと、数年後が楽しくなると思いますョ」

そんな平出貴昭さんにアドバイスを頂いて、主要種牡馬の芝、ダート、距離の適性分布を一覧にしてみました。大いに参考にしてみて下さい！

PROFILE

平出貴昭（ひらいで・たかあき）

編集者・競馬ライター。現在はサラブレッド血統センターに在籍、血統評論家としても活躍中。

著書に『一から始める！ サラブレッド血統入門』、『覚えておきたい世界の牝系 １００』などがある。

X アカウントは「@tpchiraide」、

ブログは「競馬 " 血統 " 人生」

（https://ameblo.jp/tpc-hiraide/）。

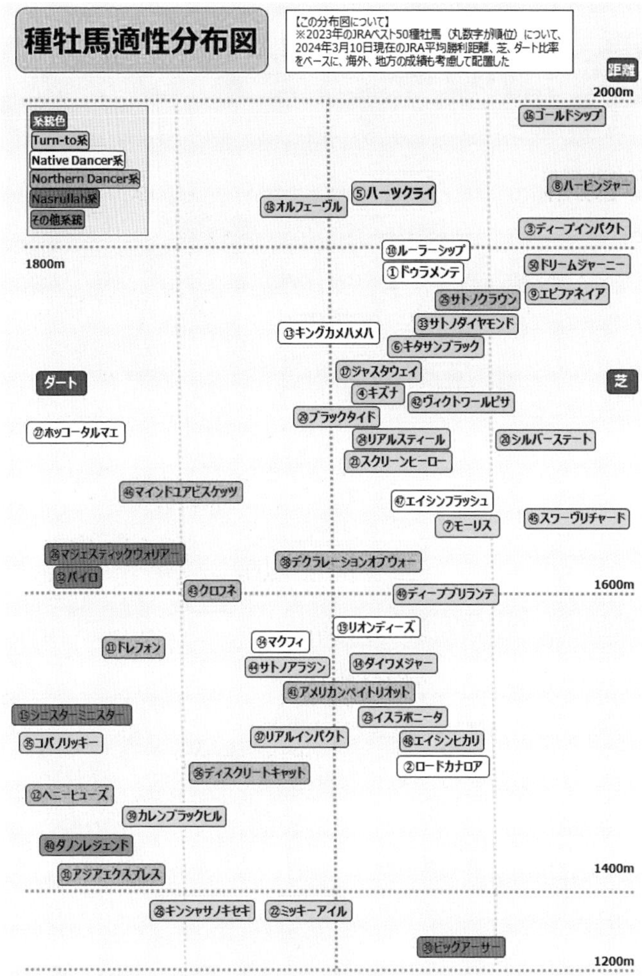
種牡馬適性分布図
【この分布図について】
※2023年のJRAベスト50種牡馬（丸数字が順位）について、2024年3月10日現在のJRA平均勝利距離、芝、ダート比率をベースに、海外、地方の成績も考慮して配置した
距離
2000m
1800m
1600m
1400m
1200m
ダート
芝
系統色
Turn-to系
Native Dancer系
Northern Dancer系
Nasrullah系
その他系統
⑯ゴールドシップ
⑧ハービンジャー
⑤ハーツクライ
⑱オルフェーヴル
③ディープインパクト
⑩ルーラーシップ
①ドゥラメンテ
㊿ドリームジャーニー
⑨エピファネイア
㉕サトノクラウン
㉝サトノダイヤモンド
⑬キングカメハメハ
⑥キタサンブラック
⑰ジャスタウェイ
④キズナ
㊷ヴィクトワールピサ
㉙ブラックタイド
㉗ホッコータルマエ
㉔リアルスティール
⑳シルバーステート
㉑スクリーンヒーロー
㊻マインドユアビスケッツ
㊼エイシンフラッシュ
㊺スワーヴリチャード
⑦モーリス
㉖マジェスティックウォリアー
㊳デクラレーションオブウォー
㉜パイロ
㊸クロフネ
㊾ディープブリランテ
⑲リオンディーズ
⑪ドレフォン
㉞マクフィ
㊹サトノアラジン
⑭ダイワメジャー
㊶アメリカンペイトリオット
⑮シニスターミニスター
㉓イスラボニータ
㉟コパノリッキー
㊲リアルインパクト
㊽エイシンヒカリ
②ロードカナロア
㊱ディスクリートキャット
⑫ヘニーヒューズ
㊴カレンブラックヒル
㊵ダノンレジェンド
㉛アジアエクスプレス
㉘キンシャサノキセキ
㉒ミッキーアイル
㉚ビッグアーサー

調教・血統・矯正馬具とは?

馬の毛色を知ろう

代表馬

ディープインパクト、リバティアイランド、アーモンドアイ、ウオッカ、ロードカナロア、キタサンブラック

鹿毛（かげ）

代表馬

ナリタブライアン、エルコンドルパサー、スペシャルウィーク、シンボリクリスエス、ブエナビスタ

黒鹿毛（くろかげ）

代表馬

イクイノックス、キズナ、メジロラモーヌ、マンハッタンカフェ、コントレイル、デアリングタクト

青鹿毛（あおかげ）

代表馬

シーザリオ、ヴィルシーナ、ヴィブロス、ヴェラアズール、ローブティサージュ、ビートブラック

青毛（あおげ）

サラブレッドの毛色は全部で8種類

代表馬

オグリキャップ、メジロマックイーン、ビワハヤヒデ、クロフネ、ヒシミラクル、ゴールドシップ、クロノジェネシス

芦毛(あしげ)

代表馬

サイレンススズカ、タイキシャトル、テイエムオペラオー、ダイワメジャー、ダイワスカーレット、オルフェーヴル

栗毛(くりげ)

代表馬

サッカーボーイ、サクラローレル、マーベラスサンデー、コイウタ、ノンコノユメ

栃栗毛(とちくりげ)

代表馬

ソダシ、アマンテビアンコ、ハヤヤッコ、ユキチャン、ブチコ

白毛(しろげ)

矯正馬具について

馬は繊細で、臆病な動物です。肉体的に走る能力があったとしても、メンタル面が弱ければ、その力を存分に発揮することが出来ませんよね。

そこで、馬の能力を最大限に発揮するために考えられたのが、“矯正馬具”と呼ばれるものです。

馬は、様々な装備を身に付けてレースに出走しますが、中でも、レースに集中させるために装着してくる“矯正馬具”について、お話をしたいと思います。

メンコ

馬の覆面。基本的には“耳覆い”です。

耳は馬にとっての、大切な情報収集のためのアンテナで、耳の向いている方に関心が向いています。その耳がクルクル動いているのは、集中力に欠けている証拠。そこで、周りの音を遮断するために、耳を覆ってあげるんですね。

また、ゲートが開く時の大きな音に驚いて、ゲートから出ない、出遅れるなんてこともあります。それを防ぐためにも、耳を覆ってあげるのです。

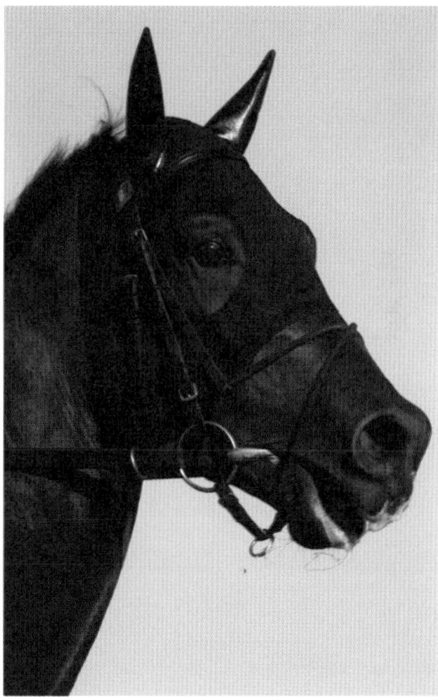

さらに、前の馬が蹴ったダートの砂が顔に当たるのを嫌がる馬にも、効果があります。

せっかく被るのですから、ファッショナブルで、オシャレなデザインのものも、最近では多く用いられています。パドックの華のひとつでもあります。

シャドーロール

馬の中には、自分の影に驚く馬もいます。そんな馬には、フワフワのボワ状のものを鼻の頭に乗せてあげると、下が見えなくなって、驚かなくなる。それがシャドーロール。

また、後ろのトモ脚で蹴った力を、前脚の２本がパパンと受けて、屈腱がしなって、力を増幅させて、前に進むと書きましたよね。その際、首をグイッと前に出すのですが、その首がキリンのように上を向いていたら？　そう、力は上方向に行ってしまいます。そういう馬の走り方を、“首が高い”とか、“頭が高い”と言います。

じゃ、どうしたら適切な角度で首を前に出してくれるだろう…と考えた時、下を見えなくすれば、必然的に下を見ようと首を下げるのではないかと考えられたのが、シャドーロールでもあります。

また、東京ダート1600mや、中山ダート1200mなど、芝スタートで、途中からダートに入るコースもあります（83ページ参照）。途中で地面の色が変わると、たまにそこをピョンと跳んでしまう馬もいて。跳んでる間は、推進力が働きません。約0.2秒で1馬身ですから、跳んで、降りたら、だいぶ遅れをとってしまいます。その境目を見せないのも、シャドーロールの役目だったりするのです。

これであなたも
競馬通

【函館競馬場 ダッグアウトパドック】

函館のパドックには“ダッグアウトパドック”があります。

これは、パドックの電光掲示板の下に、やや掘り下げられた部屋があり、目線はグラウンドレベル（パドックの地面の高さ）となり、1本1本の、馬の脚の運びが見られるもの。普段は判断が難しい“踏み込みの深さ”も、ここで見ると、ものすごくハッキリと、わかりやすくなります。函館に行ったら、ぜひ！

ブリンカー

馬は、首の後ろ以外、350°視野があると書きました。集中力の無い馬は、あっちキョロキョロ、こっちキョロキョロ。これではレースに集中出来ません。

また、臆病すぎると、まだずーっと後ろにいるライバルが視界に入るや、「うわっ、もう来た…」と、早々に闘争心を失ってしまう場合も。

そうならないように、目の脇に、お椀を２つに割ったようなものを着けてあげる。これがブリンカーです。

ブリンカーを着用すると、視界が限定され、前しか見えなくなるので、馬がレースに集中し、怖がりな面が解消される。そうなれば、勝負強さを発揮出来るようになるかもしれませんよね。

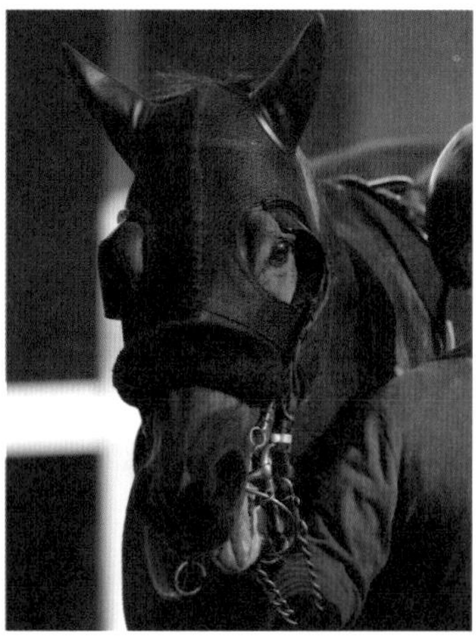

ブリンカーは、**初めて着けた時**と、**逆に外した時**にも効果が大きいとされます。

ブリンカー着用の際には、必ず事前の申請が必要で、馬柱に“B”の表記があります。見逃さないようにして下さい。

チークピーシーズ

ブリンカーほどではありませんが、後ろの視界を遮ってあげるもの。両頬にボワ状のフワフワを付けてあげます。

頬＝チーク、欠片＝ピース、その複数形でチークピーシーズです。

これを頭に乗せた、ブローバンドというのもあります。正式名称は**シープスキン・ブローバンド**。上後方を見えにくくするものです。

ホライゾネット

パシファイアーとも呼ばれ、茶こしのような、目穴の部分が網状になったもので、目を覆います。

この効果のひとつには、イレ込みやすい馬の目をわざと見えづらくすることで、パドック周回の際の人の目や、レース中の周りのあれこれを気にさせないなどの効果が。もうひとつには、前の馬が蹴ったダートの砂が、目に当たるのを防ぐ狙いもあるようです。

これであなたも
競馬通

『馬具あれこれ』

ブリンカーは“遮眼帯（しゃがんたい）”とか“遮眼革（しゃがんかく）”とも呼ばれます。

ホライゾネット（パシファイアー）を着けると、馬の顔はまるでハエのよう(失礼！)。

稀に見るブローバンド（写真）着用馬は、まるでお風呂上がりみたい(笑)。パドックで、女性ファンから「カワイイ！」と声が上がったりもします。

第5章

長谷川流予想で馬券的中！

ここまで、競馬に関する、あれこれを書いてきました。まったく知らなかったことがボンヤリ見えてきたり、輪郭がぼやけていたものがハッキリとしてきたら、うれしいです。
さぁ、ここからは実践編。赤ペンを持って、競馬新聞を開いて下さいね。

予想の手順、ポイント

まずは基本的な確認事項をおさらいしていきましょう。

競馬新聞を開いて、お目当てのレースの出馬表を出しましたか？

右端のレースのプロフィールを見て、次のことを確認しましょう。

要チェック！

何歳の、どのクラスのレースか
負担重量はハンデキャップか、それ以外か
芝なのか、ダートなのか
距離は何mか
どこの競馬場なのか、右回りか、左回りか
また、直線は長いのか、短いのか
坂はあるのか、無いのか

これが基本の確認事項です。

レースの全体像を把握したら、いよいよ予想に入ります。

まずは、競馬記者の予想欄を見て、世の中の考える人気をチェック。どの馬が人気になるのか、人気が集中しそうか、それとも分散しそうなのかを念頭に置きます。

2023年11月26日東京12レース・ジャパンカップ

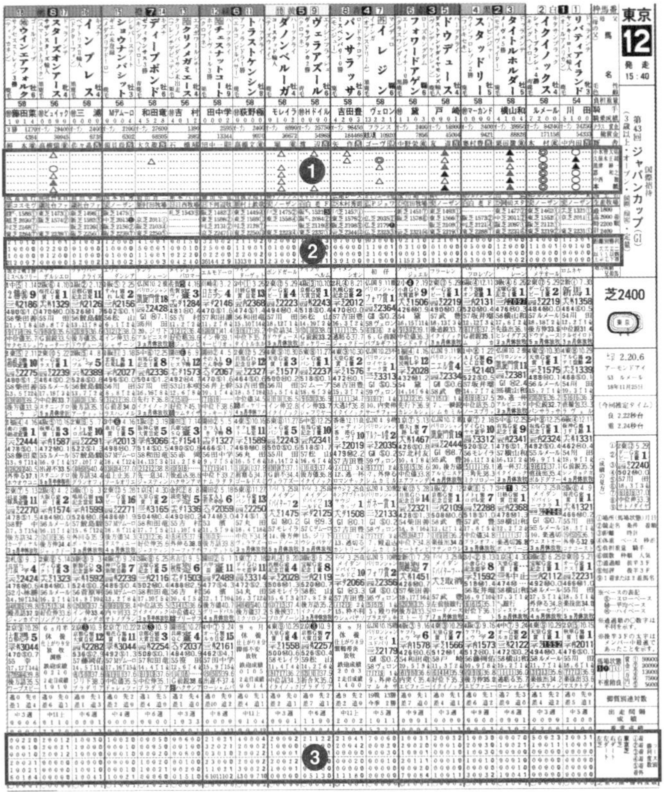

競馬予想の手順

❶競馬記者の予想欄を見て、世の中の考える人気をチェック

❷距離の欄をチェック

❸コースの欄をチェック

そうしたら、最初に距離の欄をチェック。このレースの当該距離が得意な馬を見つけたら、赤で印を付けましょう。

次に馬柱の下まで下りて、コースの欄をチェック。右回り、左回りを見比べ、次に具体的にこのコースが得意かどうかを調べます。得意な馬がいたら、ここも赤で印を付けましょう。

ちなみにすべてが〔００００〕の場合は“初”ですから。初芝や初ダートの時には、血統などから可能性を探るようにして下さい。

また、“何をして得意と言うのか”ということなんですが、ボクは３着以内の回数が、出走回数の半分を上回っている場合を“得意”としています。〔１２１１〕とか、〔０３２１〕もそう。もちろんこれは、個人の感覚です。あなたが、あなたのルールで自由に決めて下さい。

上に戻って、斤量です。レースに名前の付いていない平場のレースでは、見習い騎手の減量があります。乗り替わりなどで、前走から斤量が減っていたなら、その減量マークを赤で塗り、減量の恩恵があることを強調しておきましょう。

続いて、ブリンカーのチェック。特に、初ブリンカーの馬がいないか、逆に外してきた馬はいないかを探します。

ブリンカーを装着する場合、Ｂの文字が（この新聞だと斤量の右に）あります。成績欄の前走のコマを見て、前走もブ

2024年3月16日中山7レース(平場)

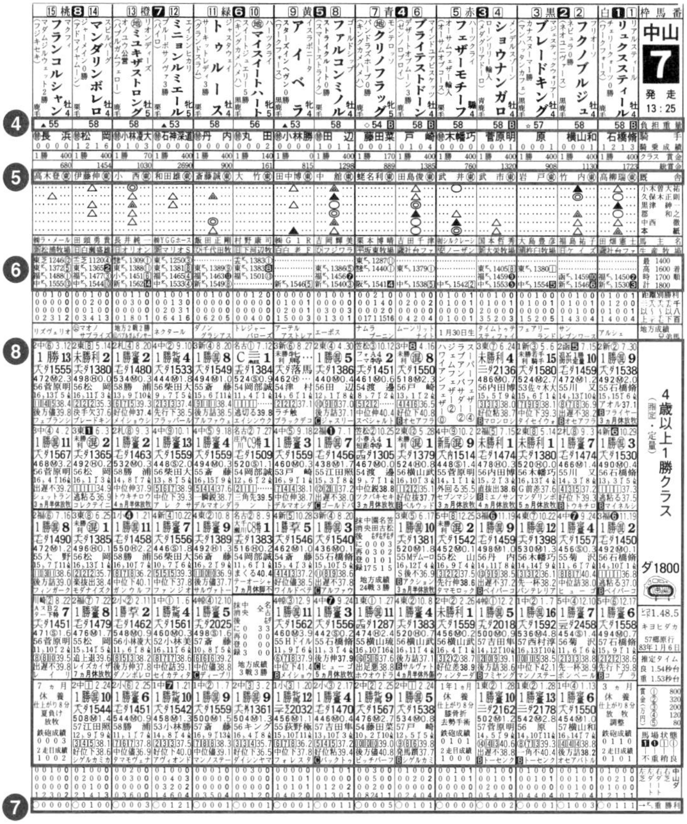

❹斤量、ブリンカーをチェック
❺厩舎をチェック
❻持ち時計をチェック
❼重の実績欄をチェック
❽成績欄で近何走かの成績を細かく見ていく

リンカーを着けていれば、その中にＢの文字が（この新聞だと１または２着馬名の左に）ある。無ければ、今回は初ブリンカーか、ブリンカー再装着。逆に、前走にあるのに今回無ければ、ブリンカーを外してきたことになります。

初ブリンカーのＢは、特に赤で目立たせておきましょう。

その下の厩舎欄もチェックしましょう。

「えっ？」と思う人もいるかと思いますが、もし、関東圏のレースに関西馬が出走していたら、逆に関西圏のレースに関東馬が出走していたら…。

近くで競馬があるのに、わざわざ遠征するのはなぜかと考えると、その馬に適した条件を求めているからかもしれませんよね。右回り、左回り、坂の有無、メンバー構成等々…。狙って遠征して来たなら、やっぱり怖い。なので、関東のレースの関西馬、関西のレースの関東馬は、ひとつの“穴パターン”として覚えておいて下さい。

それを厩舎欄の東（美）、または西（栗）の文字でチェックするのです。

そして、最高タイム“持ち時計”のチェックです。ここが、この馬の能力の基準になる場合もあります。特に、レースのタイムが速くなる、ダートの稍重や重の時、芝の状態がいい開幕週などには、持ち時計のチェックは必須です。

馬場が渋った時は、重の実績欄も確認して下さいね。

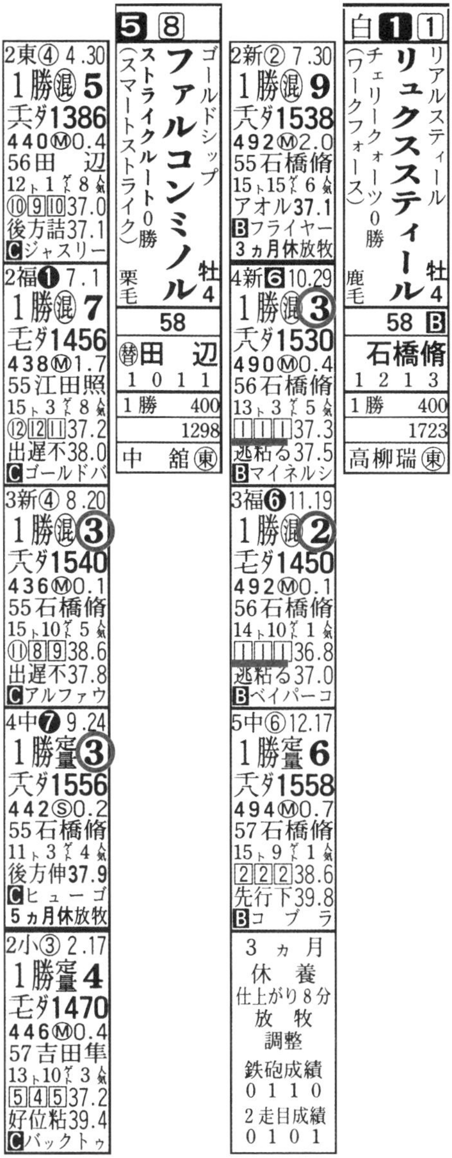

白 1 1
リアルスティール
リュクススティール
チェリークォーツ0勝
（ワークフォース）
鹿毛 牡4
58 B
石橋脩
1 2 1 3
1勝 400
1723
高柳瑞 東
2新② 7.30 1勝混 9 ⽍ダ1538 492Ⓜ2.0 55石橋脩 15ト15ゲ6人気 アオル37.1 Bフライヤー 3ヵ月休放牧
4新❻10.29 1勝混 3 ⽍ダ1530 490Ⓜ0.4 56石橋脩 13ト3ゲ5人気 1 1 1 37.3 逃粘る37.5 Bマイネルシ
3福❻11.19 1勝混 2 ⽏ダ1450 492Ⓜ0.1 56石橋脩 14ト10ゲ1人気 1 1 1 36.8 逃粘る37.0 Bベイパーコ
5中⑥12.17 1勝定量 6 ⽍ダ1558 494Ⓜ0.7 57石橋脩 15ト9ゲ1人気 2 2 2 38.6 先行下39.8 Bコブラ
3ヵ月 休養 仕上がり8分 放牧 調整 鉄砲成績 0 1 1 0 2走目成績 0 1 0 1
5 8
ゴールドシップ
ファルコンミノル
ストライクルート0勝
（スマートストライク）
栗毛 牡4
58
替田辺
1 0 1 1
1勝 400
1298
中舘 東
2東④ 4.30 1勝混 5 ⽍ダ1386 440Ⓜ0.4 56田辺 12ト1ゲ8人気 10 9 10 37.0 後方詰37.1 Cジャスリー
2福❶ 7.1 1勝混 7 ⽏ダ1456 438Ⓜ1.7 55江田照 15ト3ゲ8人気 12 12 11 37.2 出遅不38.0 Cゴールドバ
3新④ 8.20 1勝混 3 ⽍ダ1540 436Ⓜ0.1 55石橋脩 15ト10ゲ5人気 11 8 9 38.6 出遅不37.8 Cアルファウ
4中❼ 9.24 1勝定量 3 ⽍ダ1556 442Ⓢ0.2 55石橋脩 11ト3ゲ4人気 後方伸37.9 Cヒューゴ 5ヵ月休放牧
2小③ 2.17 1勝定量 4 ⽏ダ1470 446Ⓜ0.4 57吉田隼 13ト10ゲ3人気 5 4 5 37.2 好位粘39.4 Cバックトゥ

前5走成績欄

2024年3月16日
中山7レース出走の
リュクススティール（右）、
ファルコンミノル（左）

**成績欄の
チェック
ポイント**

・当該クラスでの3着以内（5着以内でも可）は、着順を赤でマーク

・“逃げ”た証しである 1 1 1 には、赤で線を引く

で、いよいよ成績欄です。近何走かの成績を細かく見ていきます。

上の古いコマから下りていき、下のクラスを走っているコマは、さらっと見るだけでもいいのですが、勝って当該クラスに上がったレースからは、しっかりと。

当該クラスでの３着以内（５着以内でも可）は、着順を赤でマーク。当該クラスに上がっても通用しているか、まったく歯が立たないのか、通用しそうか、通用しなさそうかを見ていきます。

ただし、負けている場合、敗戦の理由も考えなくてはなりません。例えば、昇級を決めたレースは得意の距離、得意のコースだったけど、昇級後はその舞台を走れていなかったとか。逃げ馬なのにペースがＨ（ハイ）ペースだったとか、逆に追い込み馬なのにペースがＳ（スロー）だったとか。単に、負け続けているというだけで「買うのはやめよう」だと、穴馬は発見出来ませんョ。

一連の、その作業の中で、“逃げ”た証である1 1 1には、赤で線を引いていきます。なぜなら、展開のカギを握るのは逃げ馬だから。逃げ馬の数が多ければ、ペースはＨ（ハイ）になりやすく、少なければＳ（スロー）になりやすい。1 1 1で走った馬が、出走馬の中にどれくらいいるのかは、しっかりチェックして下さい。

どうです？　出馬表がかなり赤くなってきましたよね(笑)。

こうして馬柱をくまなく見ていると、その作業の最中に「この馬、ちょっと面白そうだなぁ」なんてことに気付いたりもするものです。赤いマークが多い馬は、馬券に絡む要素をたくさん持っている馬ということになりますよね。そういう馬から、しっかり精査していきましょう。

ここまでの赤ペンを使った予想の作業は、QRコードから動画で見ることが出来ます。あくまで、ボク個人の“下準備”ですが、よかったら参考にしてみて下さい。次のページに出馬表を載せたレースで実践しています。

長谷川雄啓流レース予想下準備

これであなたも 競馬通

『関係者のコメント欄』

競馬新聞を開くと、出馬表の脇などに関係者のコメントが掲載されています。強気なものから、弱気なものまで多種多彩。もちろん、調教師や調教助手の皆さんの偽らざる声だと思います。でも、ここにも個性があって、いつも強気な人もいれば、常に弱気な人もいる。古くは、前者を“ラッパ吹き”、後者を“泣きの○○”なんて言い方をしたものです。

厩舎を代表してコメントを出す人は限られているので、その人の性格を把握しておけば、予想に活かせることもしばしば。「いつもは“泣き”のコメントなのに、今回はやけに強気だな」とか、「おや？　今回に限っては、随分と弱気だなぁ」とか。

インターネットの出馬表には無い、これもまた競馬新聞ならではの“お役立ちポイント”です。

2019年2月23日京都12レース（平場）

京都 12 発走 16:10　4歳以上2勝クラス（混）（指定）・定量　ダ1400

馬番	枠	馬名	父	母	母父	性齢・毛色	負担重量	騎手	騎乗成績	クラス 賞金	総賞金	厩舎	馬主名	生産牧場
1	白1	アルベニス（地）	オルフェーヴル	ポジションリミット（輸入）	ベラミーロード	牡4 栗毛	57	岩崎翼	1013	2勝 540	1130	橋田	森田藤治	ひグランド
2	白1	ミスティック	キンシャサノキセキ	ケイティーズミスト（0勝）	ポッセ	牝5 黒鹿毛	55	国分優	1108	2勝 900	1760	渡辺	カナヤマHD	富田牧場
3	黒2	メイショウダブル	メイショウボーラー	フェアナタリー（0勝）	ダンスインザダーク	牡5 黒鹿毛	☆56	菊沢	0000	2勝 900	1720	本田	松本好雄	斉藤英牧
4	黒2	メイショウドウドウ	ヴィクトワールピサ	ダンシングブルーム（3勝）	コマンダーインチーフ	牡5 黒鹿毛	57	太宰	0000	2勝 900	1965	荒川	松本好雄	三嶋牧場
5	赤3	タガノプレトリア	ヨハネスブルグ	タガノティアーズ（4勝）	タニノギムレット	牡5 鹿毛	▲54	亀田	0000	2勝 900	7192	宮	八木良司	新冠タガ
6	赤3	ホイールバーニング	ヴィクトワールピサ	ビサノグレース（0勝）	フレンチデピュティ	牡7 栗毛	57	荻野極	0001	2勝 950	3242	牧田	市川義美HD	ひフジワラ
7	青4	カズマペッピーノ	カネヒキリ	オーデコロン（3勝）	ボストンハーバー	牡6 黒鹿毛	57 B	池添	0000	2勝 950	4259	奥村豊	雅苑興業	つつみ牧
8	青4	スズカモナミ	キンシャサノキセキ	ファニーモーク（輸入）	ディストーティドヒューマー	牝6 鹿毛	☆54	川又	0002	2勝 700	2935	吉村	永井啓弐	辻牧場
9	黄5	ボンディマンシュ	ロードカナロア	ピアンカシェボン（1勝）	フジキセキ	騸4 黒鹿毛	57	坂井瑠	0010	2勝 900	1730	中内田	シルクレーシ	ノーザン
10	黄5	キタサンタイドー	ブラックタイド	スカラムーシュ（0勝）	キングカメハメハ	牡5 黒鹿毛	57	国分恭	0000	2勝 900	4679	清水久	大野商事	パカパカ
11	緑6	ライトオブピース	ゼンノロブロイ	グッバイマイラブ（3勝）	ノーザンテースト	牡6 鹿毛	57	酒井学	0002	2勝 700	3051	佐々晶	前田晋二	ノース
12	緑6	ジャスパーモア（外）（地）	アーチアーチアーチ	ロラマティーノ	ストームクリーク	牝5 青鹿毛	▲52	服部寿	0001	2勝 560	175	森	加藤和夫	米 J ダフェ
13	橙7	ヨハン	ヨハネスブルグ	マストバイアイテム（3勝）	アフリート	牡4 鹿毛	57	松田	0000	2勝 900	2204	高橋康	サイプレスHD	下河辺牧
14	橙7	サンキュー	タイキシャトル	ユキノマーメイド（4勝）	スペシャルウィーク	牡7 栗毛	57	藤岡佑	0000	2勝 700	4610	安達	市川義美HD	服部健太
15	桃8	ケイアイターコイズ	キンシャサノキセキ	ケイアイデイジー（3勝）	クロフネ	牡4 芦毛	57	藤懸	1406	2勝 900	4876	山内	亀田和弘	新冠橋本
16	桃8	グトルフォス	ゴールドアリュール	リントス（1勝）	ウォーエンブレム	牡4 鹿毛	57	岩田康	0001	2勝 900	2871	浅見	林正道	ヤナガワ

これも前で述べましたが、◎や○や▲がズラリと並んでいる馬を買って当たっても、配当は安い。なので、そんな人気馬の死角や不安材料を探して、疑問が多ければ、思い切って

狙いを下げる。逆に、印のほとんど付いていない馬に可能性を見出したなら、思い切って買ってみる。

人気馬が来ない、人気薄が来る。どちらでも、配当は大きくなりますから。そこに競馬予想の醍醐味があります。

逆に、この馬は絶対に堅いと思ったなら、自信の◎！そこからドカンと勝負するのもいいでしょう。

実は、ボクは自身のブログ『馬とおしゃべりと音楽と映画』で、週半にその週の重賞レースのデータ分析を。レース当日、または前日に、穴と狙った面白そうな推奨馬を挙げています。穴馬ですから、的中率は高くありませんが、来た時の破壊力は抜群！　もちろん無料で公開しています。よかったら、ご覧になって見て下さい。

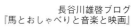

長谷川雄啓ブログ
『馬とおしゃべりと音楽と映画』

ここからは、ボクのブログの実際の記事をサンプルにして、具体的に例を挙げながら、予想の仕方を提示していきたいと思います。

人気の馬は、競馬新聞にその強さがたっぷりと書かれています。なので、人気サイドの馬はそちらに譲るとして、ここでは競馬新聞で見つける、穴馬の探し方をお話ししたいと思います。若干、自慢話になる可能性もありますが、ご了承下さい(笑)。

三角定規

その前に、ひとつ皆さんに**“三角定規”**をプレゼントしましょう。穴馬を発見するための“三角定規”です。

そもそも人気とは、人が作るもので、それを左右するのは何かと言えば、記者の予想の印と、成績欄の中の、特に着順なんですよね。着順がいいと、それだけで走るイメージが出来てしまう。逆に、着順が悪ければ、人気は下がるのです。

でも、本当にそうでしょうか？

ボクは競馬初心者講座で、いつもこう言います。

「着順で見るな。着差で見よ」。

つまり、３着でも、レースはブッチギリの２頭で決着し、勝ち馬から大きく離された３着と、８着でも、固まってドドッとゴールに入り、勝ち馬から僅差の８着だったら、後者のほうに価値がある。

なのに、単純に３と８の数字を見比べて、３がいいと思ってしまうんですね。

裏を返せば、そんな８着の馬は、今回は人気にならないはず。ならば、**“狙って美味しい穴馬”**ということになりませんか？

そこで使うのが、“三角定規”です。何の“三角”かと言うと、『**１キロ＝１馬身＝約０．２秒**』。

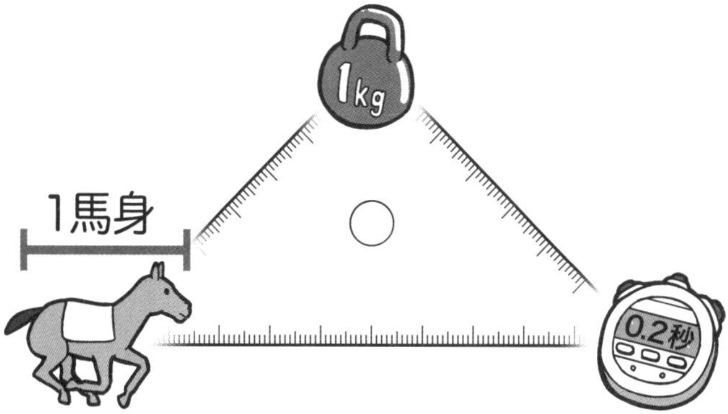

「概ね、負担重量が１キロ変わると、１馬身違う」。

“１秒＝６馬身”なので、“１馬身＝ 0.1666…秒”。イメージするために、**「１馬身＝約０．２秒」**と書きました。

「１キロ＝１馬身」ならば、**「１キロ＝約０．２秒」**になりますよね。

つまり、〔図〕。

この“三角定規”を、常に頭の中に置いておきましょうということなんです。

先の、赤ペンで成績欄に印を付ける作業に、もうひとつ、**“着差が小さい時は、赤でマークする”**を加えて下さい。

何秒差なら着差が小さいのかは、これもあなたが決めて下さい。ボクは０秒５（約２馬身半～３馬身）までだと、“小さい”としています。

この後お話しする具体例の中にも、この“三角定規”を使った話が、たくさん出てきます。覚えておいて下さいね。

それではサンプルを挙げていきます。

予想のポイントと実際のボクのブログの文章を表記。句読点など、若干の修正はありますが、ほぼ、そのままにしてあります。

CASE1

2023年12月2日(土)
中山11R　GⅡ ステイヤーズS
芝3600m・別定　16頭

キーポイント

データを知る

◆長谷川の予想◆

◎7アイアンバローズ
○11テーオーロイヤル
▲5マイネルウィルトス
△4ヒュミドール
△10シルブロン
△2ワープスピード
△15アフリカンゴールド

JRA重賞で最長距離の芝3600m戦。
特異な条件は得意な馬を狙うのが鉄則。事実、このレースも２度、３度と好走する馬が、過去に多数いる。

◎⑦アイアンバローズは21年の２着馬。昨22年も４着に来ており、適性の高さは証明済み。
近走不振に目をつぶってもいいのが“特異な”レース。
人気薄だけに、３着以内の軸として狙ってみたい。

○は⑪テーオーロイヤル。
最も好相性なアルゼンチン共和国杯組。着順は10着だが、大敗からも巻き返せるレースでもある。
昨年の天皇賞・春３着の実績がモノを言う。

▲は５マイネルウィルトス。
距離は未知数ながら、アルゼンチン共和国杯２着が推しの理由。
一連の重賞でも着順ほどは負けておらず、２着４回のシルバーコレクターに終止符となるか。

芝3400mのダイヤモンドＳ２、３着、④ヒュミドールと⑩シルブロン。
芝3000mの古都Ｓを勝った②ワープスピード。

中山 11 発走 15:45

第57回 ステイヤーズステークス(GⅡ)
(3歳以上・オープン・国際・特指・別定)

芝内3600

レコード 3.41.6 エアダブリン 57.5岡部 94年12月10日

推定タイム 良 3.44秒台 重 3.47秒台

賞金(万円)	
①	6200
②	2500
③	1600
④	930
⑤	620

馬場状態 ■1 不 ●1 重 □ 稍 ① 良

負担重量右と、成績欄1着馬または2着馬名左のBはブリンカー、Cはチークピーシズ着用を示す。

枠馬番	馬名	性齢	毛色	父	母(母の父)	負担重量	騎手	騎乗成績	クラス 賞金	総賞金	厩舎	馬主	生産牧場	持ちタイム	距離別勝利	兄弟馬
1 白 1	シ…ス…		鹿毛		タッチングスピーチ3勝(ディープインパクト)	5…	(替)ビュ…	00	3勝		手塚	サンデ…	ノー…	東芝15… 東芝22…	120 000 020 110	キーノー…
2 白 1	ワープスピード	牡4	鹿毛	ドレフォン	ディープラヴ0勝(ディープインパクト)	57 B	荻野極	1000	オープン 2400	6919	高木登(東)	山田弘	ノーザン	東芝1595② 東芝2233③ 中芝2324④ 芝3037①	40000 02000 12000 72000	ディヴァインラヴ
3 黒 2	(地)フジマサインパクト	牡5	鹿毛	ディープインパクト	ベイトゥベイ輸入(スライゴーベイ)	57 B	(替)野中	1000	3勝 1330	4613	菊川(東)	藤原正一	社台ファ	東芝2011① 中芝2347①	21010 20000 10000 76200	地方2戦2勝 スワーヴアラミス
4 黒 2	ヒュミドール	騸7	鹿毛	オルフェーヴル	アヴェクトワ0勝(チチカステナンゴ)	57	津村	0001	オープン 4850	12464	小手川(東)	サンライズ	宮内牧場	福芝1588⑤ 阪芝2253⑩ 東芝2310⑭ 中芝3526⑤	12100 12000 00000 1014001	マリヨンヌ
5 赤 3	マイネルウィルトス	牡7	黒鹿毛	スクリーンヒーロー	マイネポヌール4勝(ロージズインメイ)	57	横山武	0100	オープン 8100	23442	宮(栗)	ラフィアン	ビッグレ	小芝1587⑧ 京芝2257❻ 東芝2301②	04100 34400 06000 211300	マイネルラウレア
6 赤 3	メロディーレーン	牝7	鹿毛	オルフェーヴル	メーヴェ5勝(モティヴェイター)	55	(替)菅原明	0002	オープン 2400	7986	森田(栗)	岡田牧雄	岡田スタ	阪芝2022⑬ 阪芝2256④ 中芝2352⑮ 中芝3468⑤	40000 00000 21000 187101	タイトルホルダー
7 青 4	アイアンバローズ	牡6	鹿毛	オルフェーヴル	パレスルーマー輸入(ロイヤルアンセム)	57	(替)石橋脩	0203	オープン 5000	15199	上村(栗)	猪熊広次	ノーザン	阪芝2014③ 東芝2240⑩ 東芝2331⑥ 中芝3468④	31000 41001 12000 121101	ジャスティンパレス
8 青 4	レッドジェネシス	騸5	鹿毛	ディープインパクト	リュズキナ輸入(ストームキャット)	57	小崎	0001	オープン 4700	9637	友道(栗)	東京HR	ノーザン	阪芝1594⑬ 東芝2236① 芝3063⑬	21000 10000 02000 37000	ルージュスエルテ
9 黄 5	ダンディズム	騸7	黒鹿毛	マンハッタンカフェ	ビューティーコンテスト輸入(シングスピール)	57	富田	3417	オープン 3350	12255	野中(栗)	カナヤマHD	三嶋牧場	小芝1582② 新芝2252⑤ 東芝2319⑫ 芝3209⑦	31000 54000 12000 86000	ムーンクレスト
10 黄 5	シルブロン	牡5	鹿毛	トーセンジョーダン	グレイシアブルー3勝(サンデーサイレンス)	57	(替)マーカンド	0000	オープン 2400	7531	稲垣(東)	シルクレーシ	坂東牧場	中芝2022⑪ 東芝2247① 中芝2338① 芝2431⑤	31000 11000 11000 27000	メールドグラース
11 緑 6	テーオーロイヤル	牡5	鹿毛	リオンディーズ	メイショウオウヒ0勝(マンハッタンカフェ)	57	浜中	0001	オープン 4550	15776	岡田(栗)	小笹公也	三嶋牧場	阪芝2031④ 阪芝2249① 東芝2305⑩ 芝3174③	50000 00000 10100 51100	メイショウハリオ
12 緑 6	セファーラジエル	牡5	鹿毛	キズナ	ダークサファイア1勝(アウトオブプレイス)	57	松岡	0001	オープン 2500	9060	高柳大(栗)	サンデーR	ノーザン	東芝1592❽ 東芝2278④ 東芝2303⑤ 芝3062⑪	12000 13000 02000 96000	ローガンサファイア
13 橙 7	ジェットモーション	騸7	黒鹿毛	ハーツクライ	トップモーション0勝(シンボリクリスエス)	57 B	(替)戸崎	0000	オープン 2400	5820	藤岡健(栗)	G1R	ノーザン	小芝1587⑤ 阪芝2270④ 芝2407⑦	22000 00000 00000 611000	ディリジェンテ
14 橙 7	グランオフィシエ	牡5	鹿毛	キングカメハメハ	マーブルカテドラル3勝(ダイワメジャー)	57	(替)吉田豊	0000	オープン 3800	10360	久保田(東)	社台RH	社台ファ	東芝1578③ 東芝2278⑪ 東芝2310⑮	23000 03000 01000 19000	アンテロープ
15 桃 8	アフリカンゴールド	騸8	栗毛	ステイゴールド	ブリクセン輸入(ゴーンウエスト)	57	国分恭	11012	オープン 6300	18664	西園正(栗)	ゴドルフィン	ダーレー	阪芝1590⑦ 京芝2254② 東芝2303⑧ 芝3065④	50000 21000 10000 1712000	アフリカンストーリー
16 桃 8	アケルナルスター	牡4	青鹿毛	トーセンラー	バリージョ0勝(タイキシャトル)	57	丹内	2121	オープン 2400	7601	清水英(東)	永見貴昭	岡田スタ	東芝1594⑨ 東芝2256④ 中芝2347① 芝3078⑩	13000 10000 11000 39000	ヨイミヤ

枠馬番 / 負担重量 / 騎手 / 騎乗成績 / クラス 賞金 / 総賞金 / 厩舎 / 小木曽大祐 / 久保木正則 / 黒津紳一 / 郡和之 / 中西徹 / 本紙 / 馬主名 / 生産牧場 / 最高時計 2000 2400 2500 3600 着順 / 距離別勝利 三六百以下 三六~二四 三六以上 / 地方成績 兄弟馬 / 脚質別連対数 / 出走間隔成績 / 重賞成績 / コース別勝利度数 中山芝 右芝 右ダート 左ダート 左芝 / →芝重勝利

芝3000ｍの阪神大賞典で粘って４着だった⑮アフリカンゴールド。
これらのステイヤーたちに△を打つ。

これは、◎→○→▲（8、2、3番人気）の１～３着で、快心のヒットとなったレースです。

ブログの文章を読んでもらうとわかると思いますが、過去の結果を入手しやすい重賞競走については、そのデータを参考にすることが多くあります。

もちろん、データは100%ではありません。仮に、過去10年がそうだったとしても、11年目の今年は違うかもしれない。当然のことでしょう。

ただ、“歴史が語る何かがある”。ボクはそう思ってます。

週刊ギャロップや、週刊競馬ブックなどに、重賞の過去10年が載っています。それを自分なりに分析し、ボクは自分の週半のブログで『Data for Win！』と題して紹介。自身の馬券予想にも活かしているというわけです。

ステイヤーズＳは、ＪＲＡ最長の“特異なレース”。この3600ｍという距離を得意にする馬は、繰り返し好走することが多い。「特異なレースは、得意な馬で」。おやじギャグみたいですね(笑)。

“前走アルゼンチン共和国杯組がいい”こと、また“前走大敗からも、アルゼンチン共和国杯からなら巻き返せる”ことを、データは語っていました。

　そんなデータが教えてくれた的中馬券。ただし、文中にあるように、◎はあくまで３着以内の軸馬。馬仲間からは、「いくら儲かったんだ」と、メールがひっきりなしに届きましたが(笑)、３連単とはいかず、３連複での的中でした。

2023年12月2日　5回中山1日
11R　GⅡ ステイヤーズS

着順	枠番	馬番	馬　名	性齢	斤量	騎手	タイム着差	人気	馬体重	増減	厩舎
1	4	⑦	アイアンバローズ	牡6	57	石橋	3:45.0	⑧	504	-10	上村
2	6	⑪	テーオーロイヤル	牡5	57	浜中	2 1/2	②	450	-4	岡田
3	3	⑤	マイネルウィルトス	牡7	57	横山武	クビ	③	486	+6	宮
4	1	②	ワープスピード	牡4	57	荻野極	1 1/4	④	504	+4	高木
5	1	①	キングズレイン	牡3	55	ビュイック	1 1/4	①	486	±0	手塚

［配当］

単勝	⑦	1920円
複勝	⑦	360円
	⑪	220円
	⑤	210円
枠連	4−6	3600円
ワイド	⑦−⑪	1130円
	⑤−⑦	1240円
	⑤−⑪	680円
馬連	⑦−⑪	4340円
馬単	⑦→⑪	12500円
3連複	⑤−⑦−⑪	7580円
3連単	⑦→⑪→⑤	65030円

CASE2

2024年3月10日(日)
中京11R　GⅡ　金鯱賞
芝2000m・別定　13頭

キーポイント

斤量／超長期休養明け

◆長谷川の予想◆

◎4プログノーシス
○3ドゥレッツァ
▲6ヨーホーレイク
△7ヤマニンサルバム
△12ハヤヤッコ

距離、重賞、左回りと、実績重視のGⅡ競走。
◎は④プログノーシス。
昨年の覇者。GⅠにこそ手が届いていないが、天皇賞・秋でイクイノックスの3着、前走の香港Cも0秒1差の5着と、戴冠は目前だ。
金鯱賞はグレード別定。ゆえに斤量は58キロで留まっているのも有利。
連覇に期待する。

○は③ドゥレッツァ。

５連勝で菊花賞Ｖ。それも不利とされる大外枠からの優勝は、驚愕のものだった。
2000ｍ戦に不安はないが、こちらは１年以内のＧⅠ勝ちがあり、59キロ。
これまでは57キロが最重量。初の59キロを克服できるかがカギとなる。

▲は⑥ヨーホーレイク。
中京芝は〔１１００〕。距離も、重賞実績も十分だが、今回は2022年１月以来の競馬で２年２ヶ月振りの実戦となる。
ただ、超長期休養明けは納得いくまで仕上げた証しでもあり、いきなり好走の例も多々ある。
◎と同じディープインパクト産駒。復活走を楽しみにしたい。

△は⑦ヤマニンサルバム。
休養前の前走、同舞台の中日新聞杯で重賞初制覇を飾ったように、とにかく中京は走る。
〔５００１〕の得意舞台を味方に付けて、馬券圏内に。

△は⑫ハヤヤッコ。
その中日新聞杯で、⑦ヤマニンサルバムの２着だった馬。
ただしハンデ戦で、こちらは58.5キロ、あちらは57キ

中京 11 発走 15:25

第60回 金鯱賞(GⅡ) JRA70周年記念 (4歳以上・オープン・(国際)(指定)・別定) 芝2000 (中京)

枠馬番	8桃 13	8 12	7橙 11	7 10	6緑 9	6 8	5黄 7	5 6	4青 5	4 4	3赤 3	2黒 2	1白 1
父	ディープインパクト	キングカメハメハ	ポイントオブエントリー	キングカメハメハ	モーリス	ヴァンセンヌ	イスラボニータ	ディープインパクト	ドゥラメンテ	ディープインパクト	ドゥラメンテ	ルーラーシップ	[illegible]
馬名	レッドジェネシス	ハヤヤッコ	(外)エアサージュ	アラタ	ノッキングポイント	バラジ	ヤマニンサルバム	ヨーホーレイク	ブレイヴロッカー	プログノーシス	ドゥレッツァ	ワイドエンペラー	シーズンリッチ
性齢・毛色	騸6 鹿毛	牡8 白毛	牡6 鹿毛	牡7 鹿毛	牡4 栗毛	騸5 鹿毛	牡5 黒鹿毛	牡6 鹿毛	牡4 芦毛	牡6 鹿毛	牡4 青鹿毛	牡6 鹿毛	牡 鹿毛
母(母父)	リュズキナ輸入(ストームキャット)	マシュマロ2勝(クロフネ)	ノカゼ(エンパイアメーカー)	サンシャイン3勝(ハーツクライ)	チェッキーノ3勝(キングカメハメハ)	シーダーアラジ0勝(アラジ)	ヤマニンエマイユ6勝(ホワイトマズル)	クロウキャニオン1勝(フレンチデピュティ)	シティイメージ輸入(イルーシヴシティ)	ヴェルダ輸入(オブザーヴァトリー)	モアザンセイクリッド輸入(モアザンレディ)	アンフィルージュ3勝(アグネスタキオン)	エバーシャルマン2勝(ハーツクライ)
負担重量	57	57 B	57	57	57	57	57	57	57	58	59	57	57
騎手	角田大和	幸	(替)池添	(替)横山典	(替)戸崎	(替)菅原明	三浦	(替)藤岡康	(替)丸山	川田	ルメール	(替)高杉	(替)吉田隼
騎乗成績	0001	0101	1000	0010	0000	0000	2001	0000	0000	6010	3010	0000	000
クラス 賞金	オープン 4700	オープン 8500	オープン 2400	オープン 4800	オープン 3850	オープン 2400	オープン 5950	オープン 4500	オープン 2400	オープン 13900	オープン 12400	3勝 1500	オープン 240
総賞金	9637	23197	7566	15701	10943	7644	地賞込 15232	11964	6900	36003	27927	6744	482
厩舎	小林(西)	国枝(東)	池添学(西)	和田勇(東)	木村(東)	鹿戸雄(東)	中村(西)	友道(西)	本田(西)	中内田(西)	尾関(東)	藤岡健(西)	久保田(東)
小木曽大祐	…	△	◎	…	△	…	△	△	…	▲	○	…	…
久保木正則	…	△	△	…	△	△	◎	…	…	○	▲	…	…
黒津紳一	…	△	△	…	○	…	△	△	…	▲	◎	…	…
郡和之	…	△	△	△	△	…	▲	…	…	○	◎	…	…
中西徹	…	△	△	…	…	…	▲	△	…	○	◎	…	…
本紙	…	△	△	△	△	…	▲	…	…	○	◎	…	…
馬主名	㈱東京HR	金子真人HD㈱	ラッキーF	村田能光	サンデーR	岡田牧雄	土井肇	金子真人HD㈱	吉田照哉	㈲社台RH	キャロットF	幅田昌伸	宇田豊
生産牧場	安ノーザン	安ノーザン	米ウインチ	蔵社台ファ	安ノーザン	ひ増本牧場	新錦岡牧場	安ノーザン	蔵社台ファ	蔵社台ファ	安ノーザン	新斉藤安行	安ノーザン
最高時計 1600	……	東ダ1372⑩	毛ダ1456❾	……	東芝1329①	東芝1353④	中京芝1348①	……	……	中京芝1329①	……	……	……
1800	阪芝1470④	新芝1494①	……	函芝1480①	阪芝1467②	東芝1460⑨	東芝1459⑥	阪芝1514①	阪芝1484⑤	阪芝1442③	……	……	阪芝1466
2000	阪芝1594⑬	中京芝1589②	阪芝1583②	中京芝1581⑧	新芝1590①	東芝1585③	東芝1580❶	中京芝2010②	阪芝1596①	東芝1558③	東芝1592①	東芝1591②	東芝2005
2200	中京芝2112①	中芝2129⑩	阪芝2128②	中芝2131⑬	云芝2254⑤	中芝2123①	……	中京芝2117①	京芝2121③	……	新芝2114①	中京芝2126❶	云芝2245
距離別勝利 二千以上	21000 0	24001 1	13003 3	24003 3	01201 1	31001 1	04114 4	12001 1	22002 2	05104 4	32002 2	21001 1	0200
千八〜千九	10000 0	04101 1	12002 2	10000 0	01000 0	30000 0	02020 0	01001 1	11001 1	02001 1	00000 0	21001 1	0000
千五〜千七	02001 1	03000 0	01001 1	03003 3	00000 0	11101 1	03011 1	01001 1	20000 0	02001 1	01001 1	11001 1	0000
千四以下	48007 7	615205 5	20100 0	3100010	20200 0	23211 1	05014 4	11001 1	26004 4	01001 1	00000 0	75005 5	3300
地方成績・兄弟馬	ルージュスエルテ	ピオノノ	エアアルマス	グッドラベリング	チェルヴィニア	スターボード	ヤマニンマンドール	カミノタサハラ	オリンピッカー	アヴィオール	ディヴァイネスト	ヴァンケドミンゴ	エバーシャドネ
前5走	2福④ 7.10 七夕賞GⅢハンデ 15 二芝1597 500Ⓜ1.9 565三浦 16ト7番10人 ⑭⑩⑪36.2 S後不35.8 Bエヒト	2中京② 3.12 金鯱賞GⅡ別定 4 二芝2003 484Ⓢ0.5 57幸 12ト3番8人 ⑪⑪⑩37.6 外伸る34.3 Bプログノー	1阪① 2.12 但馬S 3勝定量 3 二内2001 530Ⓢ0.1 56福永 8ト5番1人 中位伸33.9 アル・カイ 1年5ヵ月休屈腱	1中① 1.5 中山金杯GⅢハンデ 4 二内2002 484Ⓜ0.0 57横山武 17ト7番5人 ⑦⑧⑧37.1 中位伸35.2 Cラーグルフ	1東⑧ 2.19 1勝(混) 1 兲芝1329 486Ⓜ0.3 56ルメール 12ト4番1人 ⑥⑥⑥35.6 G前鋭33.9 バルサムノー	2中④ 3.5 湾岸S 3勝定量 1 三外2123 518Ⓢ0.1 57川田 18ト14番1人 ⑤④④37.0 好位抜34.6 レインフロム	3東④ 6.11 エプソムCGⅢ別定 6 天芝1459 500Ⓜ0.4 57三浦 17ト11番9人 ⑧⑥⑤35.6 好位儘35.2 ジャスティン	5中⑦ 12.26 ホープフルGⅠ馬齢 3 二内2031 502Ⓜ0.3 55武豊 15ト2番4人 ⑨⑨⑦37.8 中位伸36.4 ダノンザキッ	3小① 8.12 西部日刊 2勝定量 4 二芝2003 460Ⓢ0.4 55藤岡康 10ト8番4人 ④③③37.0 好位儘34.0 ウィズユアド	2中京② 3.12 金鯱賞GⅡ別定 1 二芝1598 474Ⓢ0.1 57川田 12ト12番1人 ⑩⑨⑨37.4 外伸る33.9 フェーングロ	5東③ 11.12 未勝利 1 二芝2009 460Ⓢ0.0 55ルメール 11ト10番1人 G前差33.4 サトノグラン 4ヵ月半休放牧	2東⑦ 5.13 緑風S 3勝定量 2 云芝2259 498Ⓢ0.4 58内田博 17ト13番4人 ③③②38.1 先行伸34.5 カーディナル	1東⑥ 2.1 共同通信杯GⅢ別定 6 天芝147 500Ⓢ0. 56吉田隼 12ト4番11 ③③③35. 好位下34. ファントム
	3新⑧ 9.4 新潟記念GⅢハンデ 16 二外2004 504Ⓢ1.5 565内田博 18ト3番14人 中位下34.6 Bカラテ 3ヵ月休放牧	1新❹ 5.7 新潟大賞典GⅢハンデ 6 二外2059 484Ⓜ2.1 585丸山 16ト16番3人 ⑪⑩⑪37.7 中位詰37.5 Bカラテ	2福❶ 7.1 鶴ヶ城 3勝定量 9 毛ダ1456 536Ⓜ1.9 58戸崎 13ト13番3人 中位下38.1 リリーミニス 3ヵ月休放牧	2中京② 3.12 金鯱賞GⅡ別定 3 二芝2001 464Ⓢ0.3 57横山典 12ト1番6人 イン伸34.6 Cプログノー 3ヵ月半休放牧	2阪① 3.25 毎日杯GⅢ別定 2 天外1467 484Ⓜ0.1 56藤岡佑 13ト8番2人 ⑥⑤⑦35.8 中位鋭35.0 シーズンリッ	2東⑥ 5.7 メトロポリタンL別定 6 云芝2285 512Ⓢ0.7 57川田 17ト13番1人 ⑥⑥④38.8 追上止34.5 グランオフィ	2函⑥ 7.16 函館記念GⅢハンデ 11 二芝2022 502Ⓜ0.8 56横山和 16ト5番11人 ③②②35.8 先一杯37.2 ローシャムパ	1中京⑫ 2.7 きさらぎ賞GⅢ別定 2 二芝2010 506Ⓢ0.0 56武豊 11ト3番2人 ⑨⑨⑨38.5 外伸る34.9 ラーゴム	4阪④ 9.17 兵庫 2勝定量 4 云外2247 462Ⓢ0.5 55藤岡康 11ト1番3人 ⑥⑥⑦38.8 中位詰34.0 ライリッズ	香港 4.30良 シャティン クイーンエリザベスⅡ世C GⅠ 2 二芝2022 474Ⓢ0.3 57パートン 7ト 直中鋭 ロマンチック 3ヵ月半休放牧	3中④ 4.2 山吹 1勝馬齢 1 三外2163 464Ⓢ0.2 56横山武 6ト5番1人 ④④②39.2 騎寸前33.9 フロムナウオ	3東③ 6.10 ジューンS 3勝ハンデ 5 云芝2241 500Ⓜ0.8 57ルメール 18ト14番2人 中位詰34.9 サクセスシュ 4ヵ月休放牧	2阪① 3.2 毎日杯GⅢ別定 1 天外146 492Ⓜ0. 56角田大 13ト3番5 ⑥⑤⑤35. 直中鋭35. ノッキング
	5阪⑧ 11.27 カノープスL ハンデ 12 二ダ2062 498Ⓗ2.5 565藤岡康 16ト10番12人 後方儘39.3 ウシュバテソ 1年休屈腱	2函⑥ 7.16 函館記念GⅢハンデ 5 二芝2018 486Ⓜ0.4 585浜中 16ト3番7人 ⑬⑪⑧36.7 後方伸36.0 Bローシャム	4阪⑧ 9.30 西宮S 3勝定量 2 二内1583 532Ⓗ0.0 58松山 16ト15番7人 ③③②36.4 一旦抜34.8 リカンカブー	2函② 7.2 巴賞 別定 1 天芝1480 470Ⓜ0.1 58横山武 16ト2番2人 ④④④37.1 好位差35.1 ドーブネ	2東⑫ 5.28 ダービーGⅠ定量 5 云芝2254 488Ⓜ0.2 57北村宏 18ト15番15人 中位詰33.4 タスティエー 3ヵ月休放牧	2東⑫ 5.28 目黒記念GⅡハンデ 6 云芝2312 512Ⓢ0.4 56三浦 18ト14番7人 先一息34.8 ヒートオンビ 3ヵ月休放牧	2札④ 8.20 札幌記念GⅡ定量 10 二芝2040 498Ⓜ2.5 58吉田隼 15ト7番15人 ⑦⑦⑦37.1 中位下38.2 プログノーシ	3中⑧ 4.18 皐月賞GⅠ定量 5 二内2012 504Ⓜ0.6 57岩田望 16ト6番11人 ⑬⑬⑧37.5 後方詰36.6 エフフォーリ	2京② 10.8 清滝 2勝定量 3 三外2121 454Ⓢ0.1 55藤岡康 12ト1番3人 ⑨⑩⑦37.4 後方伸33.8 シェイクユア	2札④ 8.20 札幌記念GⅡ定量 1 二芝2015 476Ⓜ0.7 58川田 15ト13番2人 ⑪⑤②37.5 中位抜36.0 トップナイフ	3東② 6.4 ホンコンJCT 2勝定量 1 二芝1592 462Ⓢ0.1 55ルメール 9ト9番1人 ③③③37.8 好位抜32.7 ヘネラルカレ	4東❸ 10.9 六社S 3勝定量 12 云芝2258 510Ⓜ1.8 58内田博 14ト11番6人 ④④③36.5 好位下37.2 チャックネイ	2東⑫ 5.2 ダービーGⅠ定量 云芝225 490Ⓜ0. 57戸崎 18ト13番14 先行下34. タスティエ 4ヵ月休放牧
	3京⑤ 11.18 アンドロメダL ハンデ 12 二内2009 486Ⓜ1.7 57小崎 16ト6番13人 ⑭⑯⑯37.2 後方儘35.3 ディープモン	4中⑦ 9.24 オールカマーGⅡ別定 10 三外2129 484Ⓢ0.9 57浜中 15ト12番12人 ⑨②②38.2 追上退36.3 Bローシャム	3京③ 11.11 修学院 3勝ハンデ 2 二内1595 528Ⓜ0.2 57松山 16ト11番3人 ⑥⑧⑧36.6 外伸る35.1 ミッキーゴー	2函⑥ 7.16 函館記念GⅢハンデ 9 二芝2020 470Ⓜ0.6 58横山武 16ト10番3人 ①①①36.7 後方詰36.2 ローシャムパ	3新⑧ 9.3 新潟記念GⅢハンデ 1 二外1590 494Ⓢ0.2 54北村宏 14ト3番2人 ⑥⑤⑥37.0 好位抜33.8 ユーキャンス	3新⑧ 9.3 新潟記念GⅢハンデ 5 二外1594 506Ⓢ0.4 56三浦 14ト11番5人 ⑧⑧⑧37.1 仕掛遅34.1 ノッキングポ	4東❺ 10.15 オクトーバーL別定 1 二芝1580 500Ⓢ0.2 57三浦 15ト1番4人 ①①①35.9 逃切る34.6 シルトホルン	2東⑫ 5.30 ダービーGⅠ定量 7 云芝2231 504Ⓢ0.6 57川田 17ト8番6人 前塞る33.8 シャフリヤー 7ヵ月半休外傷	2京⑥ 10.21 鳴滝 2勝ハンデ 1 云外2252 460Ⓜ0.2 55藤岡康 12ト4番1人 ⑩⑨⑨36.2 外伸る34.8 プレイリード	4東⑨ 10.29 天皇賞GⅠ定量 3 二芝1558 474Ⓜ0.6 58川田 11ト9番3人 ⑪⑪⑩36.8 殿り伸33.9 イクイノック	3新③ 8.19 日本海S 3勝定量 1 三内2114 456Ⓢ0.1 55戸崎 13ト4番1人 ⑩⑨⑦36.2 後追鋭34.4 レッドラディ	4東⑦ 10.22 甲斐路S 3勝ハンデ 2 二芝1591 494Ⓜ0.1 57内田博 16ト14番6人 ⑬⑬⑬38.8 後方伸33.9 プラチナトレ	4阪⑦ 9.2 神戸新聞杯GⅡ馬齢 1 云外224 498Ⓢ1. 56角田大 13ト11番7 ②②②37. 先一杯34. サトノグラ
	5中① 12.2 ステイヤーズSGⅡ別定 12 兲内3478 484Ⓢ2.4 57小崎 16ト8番16人 中位下35.3 アイアンバロ 3ヵ月休転厩	4中京③ 12.9 中日新聞杯GⅢハンデ 2 二芝1589 484Ⓢ0.1 585幸 17ト11番13人 ⑭⑬⑫35.3 外伸る33.9 Bヤマニンサ	5阪④ 12.10 オリオンS 3勝定量 2 三内2128 522Ⓢ0.1 58松山 11ト1番2人 ①①①36.3 逃粘る34.7 ブレイヴロッ	4中⑦ 9.24 オールカマーGⅡ別定 13 三外2131 470Ⓢ1.1 57田辺 15ト5番11人 中位下35.6 Cローシャム 3ヵ月半休放牧	2京⑦ 10.22 菊花賞GⅠ馬齢 15 三外3052 492Ⓢ2.1 57北村宏 17ト9番10人 ⑥⑨⑫37.3 四角不36.3 ドゥレッツァ	4東② 10.8 毎日王冠GⅡ別定 9 天芝1460 512Ⓢ0.7 57横山武 12ト9番10人 ⑥⑦⑥36.8 中位下34.3 エルトンバロ	4中京③ 12.9 中日新聞杯GⅢハンデ 1 二芝1588 502Ⓢ0.1 57三浦 17ト7番2人 ③⑤④35.3 好位抜34.2 ハヤヤッコ	1中京⑥ 1.16 日経新春杯GⅡハンデ 1 三芝2117 508Ⓢ0.1 55川田 16ト10番3人 ⑨⑨⑨37.3 外伸る34.4 ステラヴェロ	5阪④ 12.10 オリオンS 3勝定量 1 三内2127 462Ⓢ0.1 56藤岡康 11ト7番6人 ⑧⑥⑥37.5 中位差34.1 エアサージュ	香港 12.10良 シャティン 香港カップGⅠ 5 二芝2021 471Ⓜ0.1 57川田 ⑩⑨⑨ 2人 11ト 後方詰 ロマンチック	2京⑦ 10.22 菊花賞GⅠ馬齢 1 三外3031 468Ⓢ0.6 57ルメール 17ト17番4人 ①③②35.5 直抜出34.6 タスティエー	5東⑧ 11.26 ウェルカムS 3勝定量 5 二芝1598 492Ⓢ0.8 58内田博 13ト11番9人 出遅不33.3 ロードデルレ 3ヵ月休放牧	2京⑦ 10.2 菊花賞GⅠ馬齢 1 三外304 492Ⓢ1. 57角田大 17ト3番16 ⑧⑫⑮37. ジリ下35. ドゥレッツ
前走・休養	1阪① 2.24 仁川SL ハンデ 15 二ダ2089 504Ⓜ4.1 56角田大和 16ト10番15人 ①⑩⑯37.1 S前不41.4 ダイシンピス	3ヵ月 休養 仕上がり8分 放牧 調整 鉄砲成績 1113 2走目成績 1013	2京⑤ 2.10 飛鳥S 3勝定量 1 二内2006 532Ⓢ0.2 58坂井瑠 12ト1番2人 ②②②37.4 二位抜33.8 ニホンピロキ	1中① 1.6 中山金杯GⅢハンデ 13 二内1596 480Ⓢ0.7 58横山和 17ト2番7人 ⑯⑮⑭37.6 一角不33.9 Cリカンカブ	4ヵ月半 休養 仕上がり9分 放牧 調整 鉄砲成績 2002 2走目成績 1001	5ヵ月 休養 仕上がり8分 去勢手術 放牧 鉄砲成績 2002 2走目成績 1021	3ヵ月 休養 仕上がり8分 放牧 調整 鉄砲成績 0100 2走目成績 0100	2年2ヵ月 休養 仕上がり8分 屈腱炎 放牧 鉄砲成績 3000 2走目成績 0010	2京⑥ 2.11 京都記念GⅡ別定 6 三外2127 468Ⓜ0.6 56酒井学 12ト2番5人 ⑨⑦⑥37.0 後方詰35.1 プラダリア	3ヵ月 休養 仕上がり8分 放牧 調整 鉄砲成績 5100 2走目成績 0121	4ヵ月半 休養 仕上がり9分 放牧 調整 鉄砲成績 0010 2走目成績 1000	1東⑧ 2.18 コパノリッキーC 3勝ハンデ 4 二芝2022 500Ⓢ0.4 57岩田望 9ト5番4人 ⑧⑧⑧39.3 後方詰32.8 レッドラディ	4ヵ月半 休養 仕上がり8分 放牧 調整 鉄砲成績 0003 2走目成績 2001
脚質別連対数	逃0 先0 差4 追0	逃0 先2 差6 追3	逃3 先3 差1 追0	逃0 先2 差5 追0	逃0 先0 差4 追0	逃1 先2 差4 追0	逃3 先5 差2 追0	逃0 先0 差3 追1	逃0 先0 差6 追0	逃0 先0 差6 追2	逃0 先2 差3 追0	逃0 先3 差0 追3	逃0 先 差1 追
出走間隔成績	中1週 1001	中11上 1103	中3週 0100	中8週 0013	中11上 1002	中11上 2001	中11上 0000	中11上 2000	中3週 0010	中11上 4100	中11上 1000	中2週 1022	中11上 000
重賞成績	1107	21014	0001	0039	1103	0003	1005	1112	0001	2121	1000	0002	100
コース別勝利度数 中京芝	10021	13110	10031	10051	30000	30010	60005	10021	00040	20042	30020	20011	1001
右芝	10001	11301	00030	10001	00010	30000	00040	10001	00020	00020	00000	30000	0000
右ダート	00020	11100	00010	10021	00000	30000	10030	00010	00020	10010	00010	10011	0000
左ダート	00010	11101	00000	00020	10000	30000	00010	00000	00020	10001	00000	10010	2000
左芝	00000	10221	10000	10011	10000	10000	00000	00010	10011	00000	00000	20010	0000
→芝重	30260	36331	00110	31051	00020	30010	30021	10000	00040	00000	00000	40032	2002
勝利	○0100	◎1011	○0000	○1103	○0000	○0000	○1101	○1000	○0000	○0000	○0000	○1022	○0000

レコード 1.57.2 ジャックドール 56藤岡佑 22年3月13日

推定タイム 良 1.58秒台 重 1.59秒台

賞金(万円) ① 6700 ② 2700 ③ 1700 ④ 1000 ⑤ 670

馬場状態 ❶不 ❶重 ①稍 ①良

負担重量右と、成績欄1着馬または2着馬名左のBはブリンカー、Cはチークピーシズ着用を示す。

ロでの3/4馬身差。今回同斤ゆえ、机上の計算なら着順はひっくり返るが、中京芝〔０１０３〕の適性の差を重視。印の上では△の２番手にする。

これも◎→○→▲（2、1、6番人気）の1～3着。こちらは3連単でズバリでした。

人気を分け合った２頭、プログノーシスとドゥレッツァの、◎と○の序列ですが、一番の決め手はやはり斤量。

このレースは別定戦（105ページ参照）、それもグレード別定といって、重賞実績が斤量に出ます。

ざっくり言うと、牡馬は基本57キロで、１年以内にＧⅠ勝ちがあれば２キロ増、ＧⅡ勝ちがあれば１キロ増。プログノーシスの前年の重賞勝利はＧⅡまで。ゆえに、１キロ増の58キロ。前年にＧⅠの菊花賞を制しているドゥレッツァは、２キロ増の59キロ。

過去に、57キロまでしか背負ったことがないドゥレッツァにとって、59キロは酷量かと。逆に、58キロで札幌記念を勝っているプログノーシスに、58キロは背負い慣れた斤量。

勝ち負けに、直接響いたかどうかはわかりませんが、予想のファクターとしては、重要な要素になってくるわけです。

▲のヨーホーレイクは、実に２年２ヶ月ぶりの実戦。「そんなに間隔が空いて大丈夫なの？」と思う向きもあるかと思いますが、意外や、超長期休養明けの馬は、好走することが

あるのです。

どういうことかと言うと、例えば1年以上休ませた馬は、陣営が、中途半端ではなく、納得のいくまで仕上げてきた証しでもあります。

この馬は3着でしたが、2019年のアメリカジョッキークラブカップというGⅡのレースでは、1年1ヶ月ぶりだったシャケトラが見事に優勝。

ヨーホーレイクも、さかのぼれば、GⅡ勝ちのある実績馬。長い休みが嫌われるなら、狙って面白い穴馬となります。結果、3着に頑張って好配当をもたらしてくれましたが、陣営の努力にも拍手を送りたい、そんな復帰戦となりました。

2024年3月10日 1回中京2日
11R　GⅡ 金鯱賞

着順	枠番	馬番	馬名	性齢	斤量	騎手	タイム着差	人気	馬体重	増減	厩舎
1	4	④	プログノーシス	牡6	58	川田	1:57.6	②	480	+9	中内田
2	3	③	ドゥレッツァ	牡4	59	ルメール	5	①	472	+4	尾関
3	5	⑥	ヨーホーレイク	牡6	57	藤岡康	1	⑥	522	+14	友道
4	8	⑫	ハヤヤッコ	牡8	57	幸	1 1/2	⑧	490	+6	国枝
5	7	⑩	アラタ	牡7	57	横山典	アタマ	⑨	474	-6	和田勇

[配当]

単勝　④　270円
複勝　④　120円
　　　③　110円
　　　⑥　320円
枠連　3－4　260円
ワイド　③－④　160円
　　　　④－⑥　630円
　　　　③－⑥　790円
馬連　③－④　280円
馬単　④→③　710円
3連複　③－④－⑥　1840円
3連単　④→③→⑥　6100円

CASE3

2024年3月16日(土)
中山7R　4歳以上1勝クラス
ダート1800m・定量　15頭

キーポイント

コース／減量

★特注馬★

5枠9番アイベラ
▶▶▶▶▶8番人気3着

左回りのダートが〔0004〕なのに対し、右回りのダートは〔0110〕。その2度の好走は、共に中山ダート1800m戦。
近3走は、左回りのダートと右回りの芝。この馬の適性外の条件。
未勝利の身だが、得意の舞台なら、好走も可だ。

これは基本の基本。まずダートの右回りと左回りをチェック。文中にもあるように、右回りのダートは〔0110〕なのに対し、左回りのダートは〔0004〕。明らかに、右回りのほうがいい。

では、舞台となる中山は？と考えれば、右回りのコース。

中山 7

発走 13:25

4歳以上1勝クラス (指定・定量)

ダ1800

レコード 1.48.5 キヨヒダカ 57郷原行 83年1月6日

推定タイム 良 1.54秒台 重 1.53秒台

賞金(万円)	
①	800
②	320
③	200
④	120
⑤	80

馬場状態 1 不 / ❶ 重 / ① 稍 / ① 良

中山ダ 右芝 右ダート 左ダート 左芝 → ダ 重 勝利

項目：枠 馬番 / 負担重量 / 騎手 / 騎乗成績 / クラス 賞金 / 総賞金 / 厩舎 / 小木曽大祐・久保木正則・黒津紳一・郡和之・中西徹・本紙 / 馬主名 / 生産牧場 / 最高時計 1400 1600 1700 1800 着順 / 距離別勝利 千八百以下 千八百 千九百~二千百 二千二百以上 / 地方成績 兄弟馬

馬番	枠	馬名	父	母(母父)	性齢・毛色	負担重量	騎手	騎乗成績	クラス 賞金	総賞金	厩舎	馬主	生産牧場	兄弟馬
2	白1・黒2	フクノブルジュ	フリオーソ	ネビュラ0勝(ネオユニヴァース)	牡4 黒鹿毛	58	横山和	0 0 0 1	1勝 400	1130	竹内(東)	福島祐子	日ケイズ	サンレブンワース
3	2黒	ブレードキング	マジェスティックウォリアー	カナスヌーマ1勝(マンハッタンカフェ)	牡4 黒鹿毛	☆57	原	0 0 0 1	1勝 400	908	岩戸(東)	大島豊彦	浦杵臼牧場	フェアリーランド
4	3赤	ショウナンガロ	メンデルスゾーン	ローンリリー 輸入(メダグリアドーロ)	牡4 青鹿毛	58 B	菅原明	0 0 0 1	1勝 400	1320	武市(東)	国本哲秀	新大栄牧場	タイムトゥテスティファイ
5	3赤	フェザーモチーフ	ハーツクライ	オーサムフェザー 輸入(オーサムオブコース)	騸4 栗毛	58	替木幡巧	0 0 0 0	1勝 400	760	武井(東)	社シルクレーシ	安ノーザン	1月30日生
6	4青	ブライテストドーン	マインドユアビスケッツ	デザートオブムーン3勝(ゼンノロブロイ)	牡4 鹿毛	58 B	戸崎	0 1 0 4	1勝 400	1385	田島俊(東)	吉田千津	浦社台ファ	ムーンリットナイト
7	4青	(地)クリノフラッグ	モンテロッソ	バンドラズホープ0勝(キングカメハメハ)	牝5 鹿毛	◇54 B	藤田菜	0 0 0 1	1勝 170	889	蛯名利(東)	栗本博晴	平坂東牧場	ナムラプーニン
8	5	ファルコンミノル	ゴールドシップ	ストライクルート0勝	牡4	58	田辺	0 1 1	1勝 400	1298	舘(東)	岡輝美	フジワラ	…ーボス
9	5黄	アイベラ	イスラボニータ	スターズインヘヴン0勝(ワークフォース)	牝4 黒鹿毛	▲53	替小林勝	0 0 0 0	1勝 0	815	田中博(東)	株G1R	白白老F	アーテル アストレア
10	6緑	(地)マ…		スイートジュエリー5勝(キングカメハメハ)	黒鹿毛	56	替丸…	0 0 0	1勝		大竹	村野…	日下河…	トレジャーバロ…
11	6緑	トゥルース	ジャスタウェイ	サーキットレディ3勝(グランドスラム)	牡4 栗毛	58	替丹内	0 0 0 0	1勝 400	900	斎藤誠(東)	飯田正剛	ひ千代田牧	ダノングラシアス
12	7橙	ミニョンルミエール	エイシンヒカリ	ブルーボサノヴァ3勝(パイロ)	牝5 栗毛	▲53	替石神深道	0 0 0 0	1勝 400	2690	和田雄(東)	株YGGホース	新マリオS	ネクタール
13	7橙	(地)ミユキザストロング	リオンディーズ	オノユウ 公営(バブルガムフェロー)	牡5 鹿毛	58	替小林凌大	0 1 0 3	1勝 70	1030	小西(東)	長井純一	日オリオン	地方2戦2勝 公バブルガムダンサー
14	8桃	マンダリンボレロ	スピルバーグ	ジャーメイン0勝(アドマイヤムーン)	牡4 栗毛	58	替松岡	1 2 1 6	1勝 400	1454	伊藤伸(東)	田頭勇貴	日白瀬盛雄	公マオノサプライズ
15	8桃	フランコルシャン	マクフィ	マダムジルウェット2勝(フジキセキ)	牡4 鹿毛	▲55	替長浜	0 0 0 0	1勝 400	680	高木登(東)	株ラ・メール	新松浦牧場	リズヴェリオ

馬番1(白)：チェリークォーツ0勝(ワークフォース) 鹿毛 石… 1勝 高橋… 田… 社台…(一部のみ掲載)

最高時計
馬番	最高時計
2	函ダ1459⑩ 新ダ1546⑥
3	東ダ1380□ 中ダ1554❺
4	東ダ1405⑧ 福ダ1459❾ 中ダ1553❺
5	中ダ1542②
6	東ダ1379① 中ダ1538⑤
7	東ダ1287① 盛ダ1440① 阪ダ1541❹
8	ダ1386⑤ ダ1456❼ ダ1540③
9	新ダ1546⑤
11	東ダ1389⑨ 福ダ1463⓫ 新ダ1549⑧
12	東ダ1250③ 東ダ1381⑧ 福ダ1465④ 中ダ1533④
13	盛ダ1309① 東ダ1388① 小ダ1451⑥ 新ダ1562⓮
14	芝1120④ 東ダ1365❷ 福ダ1477③ 中ダ1544⑩
15	東芝1246⑫ 東ダ1372⑤ 福ダ1488① 中ダ1555⑬

馬番9 アイベラ 距離別勝利・成績
0	0	0	0	0
0	1	0	0	1
0	2	0	0	1
1	5	0	0	3

過去走(馬番9 アイベラ)
- 3新⑥ 8.27 未勝利 牝 …馬 天ダ 落馬 462Ⓗ … 54津村 14ト6ゲ1 人気 ②②② 37.1 ラチ触 ブラックデコ
- 4中⑤ 9.18 1勝 定量 3 天ダ1559 460Ⓜ0.3 53戸崎 16ト9ゲ1 人気 ⑦④④ 38.1 中位伸38.7 デルマオシダ
- 4新⑤ 10.28 1勝 牝 5 天ダ1546 462Ⓜ1.0 54斎藤 15ト4ゲ3 人気 ④④③ 37.2 好位儘38.5 ワイルドベテ
- 4中京③ 12.9 1勝 混 11 天ダ1562 460Ⓜ3.9 55Hドイル 11ト9ゲ6 人気 ⑥⑦⑧ 37.9 中位下41.4 B メイショウ
- 1小③ 1.20 1勝 牝 12 三芝2032 456Ⓜ1.1 55荻野極 15ト10ゲ11 人気 ⑥⑦⑧ 36.2 中位下37.8 フォレスタ

0	0	0	0	0
0	0	1	0	1
1	0	1	0	1
0	4	0	2	0
○	0	0	0	1

コース別の成績を見ると、中山ダートは〔０１１０〕で、右回りの２走は中山でのものだとわかります。

いまだ未勝利の身ですが、４走前に中山ダート1800ｍの１勝クラスに格上挑戦して３着になっています。その時の斤量は53キロ。今回も▲の減量騎手起用で３キロ減の53キロで挑むことに。これも好走時を踏まえての、陣営の作戦でしょうね。

レースでも頑張って、先行策から粘り込んでの３着。波乱の一翼を担ってくれました。

2024年3月16日　2回中山7日
7R　4歳以上1勝クラス

着順	枠番	馬番	馬名	性齢	斤量	騎手	タイム着差	人気	馬体重	増減	厩舎
1	3	④	ショウナンガロ	牡4	58	菅原明	1:54.2	⑩	500	-2	武市
2	5	⑧	ファルコンミノル	牡4	58	田辺	1 3/4	①	448	+2	中舘
3	5	⑨	アイベラ	牝4	53	小林勝	1 1/2	⑧	462	+6	田中博
4	3	⑤	フェザーモチーフ	騸4	58	木幡巧	クビ	③	450	-6	武井
5	6	⑪	トゥルース	牡4	58	丹内	2 1/2	⑥	508	+8	斎藤誠

［配当］

単勝	④	4100円
複勝	④	700円
	⑧	190円
	⑨	550円
枠連	3－5	780円
ワイド	④－⑧	1910円
	④－⑨	7020円
	⑧－⑨	1310円
馬連	④－⑧	7230円
馬単	④→⑧	15840円
3連複	④－⑧－⑨	30010円
3連単	④→⑧→⑨	217320円

CASE4

2023年6月24日(日)
東京12R　3歳以上1勝クラス
芝1600m・定量　16頭

キーポイント

三角定規／斤量

★特注馬★

6枠11番キタノブライド
▶▶▶▶▶8番人気1着

4月23日、ヴルカーノが勝ったレースの3、4着が⑨アルファウェーブと①ビジューブリランテ。タイムは1分32秒8と1分32秒9。これがこのレースのメンバーでは1位と2位の持ち時計。

⑪キタノブライドの前々走は1分32秒9。今回は、その時より1キロ軽い53キロでの出走。

『1キロ＝1馬身≒0秒2』の三角定規を使っての机上の計算なら、前記2頭に先んずることになる。

6頭出走してきた3歳馬の中で、最も盲点になりそうな馬。逆に妙味はたっぷりだ。

枠馬番
東京
12
発走 16:30

3歳以上1勝クラス
(混)(指定)・定量

芝1600

レコード 1.30.5 ノームコア 55レーン 19年5月12日

推定タイム 良 1.34秒台 重 1.35秒台

賞金(万円)	
①	800
②	320
③	200
④	120
⑤	80

馬場状態 不 重 稍 良

東京芝 右芝 右ダート 左ダート 左芝

→芝重勝利

予想: 小木曽大祐 / 久保木正則 / 黒津紳一 / 郡和之 / 中西徹 / 本紙

負担重量 / 騎手 / 騎乗成績 / クラス 賞金 / 総賞金 / 厩舎 / 馬主名 / 生産牧場 / 最高時計 1400 1600 1800 2000 / 着順 / 距離別勝利 千六百以下 千六百 千八百 二千以上 / 地方成績 兄弟馬

6 ⑪ キタノブライド 牝3 栗毛

父 マクフィ
母 ミニョンレーヌ(0勝)
母の父 (ディープインパクト)

負担重量	53
騎手	菅原明
騎乗成績	0 0 0 1
クラス 賞金	1勝 400
総賞金	863
厩舎	高橋裕(東)
予想	… △ … / … ◎ …
馬主名	北所直人
生産牧場	(様)高村伸一
最高時計	東芝 1329⑦ / 東芝 1483⑨
距離別	0 0 1 0 1 / 0 0 1 0 1 / 0 0 0 0 0 / 0 1 2 0 2
兄弟馬	ミヤジテン

前走	
1東① 1.28	新馬(混) 4 / 牝 芝 1368 / 412 Ⓢ 0.2 / 54 木幡初 / 16ト 13ゲ 4 / ⑭⑭⑭ 38.8 / 出足悪 33.4 / ランプシー
1東⑦ 2.18	未勝利(混) 2 / 牝 芝 1351 / 410 Ⓢ 0.1 / 54 田辺 / 16ト 4ゲ 3 / ⑭⑭⑯ 37.5 / 後方伸 33.3 / ハリケーンリ
2中❽ 3.19	未勝利(混) 1 / 牝 外 1363 / 406 Ⓜ 0.1 / 54 田辺 / 15ト 5ゲ 1 / ⑤④④ 36.2 / 好位抜 36.2 / ミヤビプレイ
2東③ 4.29	1勝(混) 7 / 牝 芝 1329 / 408 Ⓜ 0.6 / 54 田辺 / 13ト 5ゲ 7 / ⑧⑧⑦ 34.9 / 前塞る 34.5 / ニシノライコ
2東⑨ 5.20	カーネー1勝 牝 9 / 牝 芝 1483 / 406 Ⓢ 1.0 / 54 菅原明 / 13ト 13ゲ 10 / ⑨⑨⑩ 37.4 / 後方儘 34.0 / アンリーロー

成績
0 0 0 1 0
1 0 0 0 1
1 0 0 0 1
3 0 0 0 3
○1 0 0 0

出走馬

枠	馬番	馬名	性齢	父	母(母の父)	負担重量	騎手
1白	1	[illegible]		ディープスカイ			武
1白	2	ランプシー	牝3	ハーツクライ	ノッテビアンカ輸入(ダンジグ)	55	戸崎
2黒	3	グレートサークル	騸5	ロージズインメイ	デュポンサークル1勝(レインボウクエスト)	58	石橋脩
2黒	4	キセキノエンジェル	牝4	キンシャサノキセキ	ピサノマイケイン0勝(ボストンハーバー)	56	柴田善
3赤	5	ニルアドミラリ	騸5	ダイワメジャー	インナーアージ(アグネスタキオン)	58	木幡巧
3赤	6	センドハーマイラブ	牝5	アジアエクスプレス	マチルド未出走(アドマイヤベガ)	56	吉田豊
4青	7	セブンフォールド	牝5	ディープインパクト	カルティカ輸入(レインボウクエスト)	△56	原
4青	8	ウインエイムハイ	牡4	ダノンシャンティ	ウインディナラ1勝(ハーピンジャー)	58	松岡
5黄	9	アルファウェーブ	騸6	グレイソヴリン	エクシードアンドエクセル	58	北村宏
5黄	10	イコノスタシス	牝3	モーリス		53	川裕
6	12	エールトゥヘヴン	牡5		キストゥヘヴン5勝(アドマイヤベガ)	58	ルメール
7橙	13	ドラミモン	牡5	ドゥラメンテ	ラッキーレディー0勝(ネオユニヴァース)	58	Mデムーロ
7橙	14	フォーカルフラワー	牝3	ロードカナロア	ソラリア輸入(スキャットダディ)	53	津村
8桃	15	グランドカリナン	牡3	リアルインパクト	サマーパラダイス3勝(タニノギムレット)	55	大野
8桃	16	ホイッスルソング	牝3	ビッグアーサー	リルティングソング2勝(スペシャルウィーク)	☆52	永野

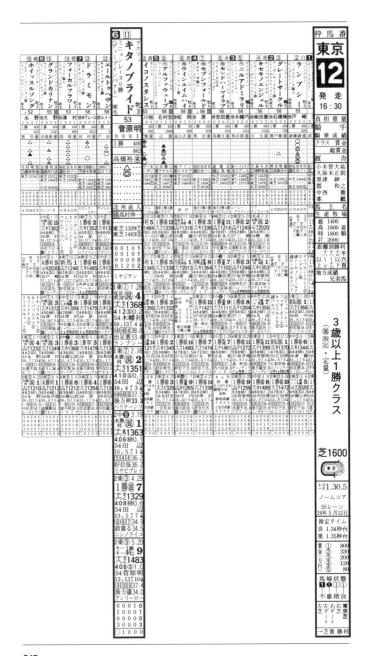

解説しますね。この時、キタノブライドは、３歳牝馬。５月末に日本ダービーが終わり、６月からは次の世代の２歳新馬がデビューしてきます。そうなると、３歳馬は４歳以上のお兄さん、お姉さん（古馬）に混じって、“３歳以上”で走ることになる。

この時期の３歳馬は、人間で言うと、高校を卒業するかどうかの年齢。そこで３歳馬は“社会人”たる４歳以上の馬に比べて斤量を軽くしてもらえるんですね。ここでは３キロ。これを“エイジ・アロウワンス”と言います。『１キロ＝１馬身』ですから、３馬身のアドバンテージが出来るわけです。

キタノブライドの前々走は、まだ３歳馬同士で走っていたレースで、斤量は牡馬56キロ、牝馬54キロ。これが６月になり、“３歳以上”に替わるため、４歳以上の牡馬58キロ、牝馬56キロに対し、３歳馬はそこから３キロ減。牡馬55キロ、牝馬53キロとなります。キタノブライドは、前々走と比べて１キロの斤量減となったわけです。

そこで取り出したる“三角定規”。『１キロ≒０秒２』。54キロで１分32秒９のタイムなら、53キロだったら１分32秒７が計算できますよね。ならば、最速の持ち時計の馬を上回ることができるじゃないかと考えたのです。

実際のレースでは、スタートで後手を踏み、それでも中団からしっかり伸びて、先頭ゴールイン。タイムは前々走と同じ1分32秒9。想定外のことが起きるのもレースの常。机上の計算通りにはならなくても、穴狙いの十分な論拠にはなるという、ひとつの予想例となりました。

2023年6月24日　3回東京7日
12R　3歳以上1勝クラス

着順	枠番	馬番	馬名	性齢	斤量	騎手	タイム着差	人気	馬体重	増減	厩舎
1	6	⑪	キタノブライド	牝3	53	菅原明	1:32.9	⑧	406	±0	高橋裕
2	6	⑫	エールトゥヘヴン	牡4	58	ルメール	クビ	③	466	+8	戸田
3	7	⑬	ドラミモン	牡5	58	M.デムーロ	1/2	⑥	454	-6	田村
4	1	②	ランプシー	牡3	55	戸崎	1/2	①	460	+2	斎藤誠
5	7	⑭	フォーカルフラワー	牝3	53	津村	1/2	⑤	430	-6	国枝

［配当］

単勝	⑪	1500円
複勝	⑪	410円
	⑫	220円
	⑬	280円
枠連	6－6	4930円
ワイド	⑪－⑫	1270円
	⑪－⑬	1830円
	⑫－⑬	810円
馬連	⑪－⑫	4850円
馬単	⑪→⑫	10560円
3連複	⑪－⑫－⑬	12780円
3連単	⑪→⑫→⑬	75500円

CASE5

2023年8月26日(土)
札幌7R　3歳以上1勝クラス
芝1800m・定量　14頭

キーポイント

着差／血統

★特注馬★

3枠3番マンクスホップ
▶▶▶▶▶8番人気1着

今夏の北海道は7、9、6着。それでも3走前は0秒5差、前走は不利あって0秒3差。着順ほどは負けていない。
それもそのはず、父ハービンジャー。洋芝の適性は高い。
立ち回りひとつ。

札幌と函館は寒冷地。競馬場の芝コースには、そんな気候でもしっかり育つ、洋芝が植えられています。野芝と比べると、粘り気があって、走るのに力が要ると言われる洋芝。小回り、平坦で、直線も短く、季節は真夏。そのどの要素がこの馬に向いたのかは決めつけられませんが、この年から臨んだ函館、札幌で、着順ほどは負けていない競馬が続いていました。

札幌 7

発走 13:20

3歳以上1勝クラス（指定・定量）

芝1800

レコード 1.45.7 キャトルフィーユ 55福永 14年8月3日

推定タイム 良 1.49秒台 重 1.50秒台

賞金（万円）	
①	800
②	320
③	200
④	120
⑤	80

馬場状態 1 不 / ❶ 重 / 1 稍 / ① 良

左芝 左ダート 右ダート 右芝 札幌芝

→芝重 勝利

枠馬番
負担重量
騎手
騎乗成績
クラス 賞金
総賞金
厩舎
志村 竜一 / 岐部 泰佑 / 山下 直人 / 谷口 弘晃 / 廣中 築究 / 本紙
馬主名
生産牧場
最高時計 1400 / 1600 / 1800 / 2000 着順
距離別勝利 千八以下 / 千八〜二千二 / 二千二〜二千六 / 三千以上
地方成績 兄弟馬

3 3 マンクスホップ 牝4 栗毛

父 ハービンジャー　母 キャットコイン 3勝（ステイゴールド）

☆55 角田大和 0 0 0 1

1勝 400 / 820

松永幹 西

… / … / …△… / …△… / …△… / …

サンデーR

白 白老F

壬芝 1116⑫　阪芝 1347②　小芝 1471⑦　宍芝 2428⑬

0 0 1 0 0 / 0 0 1 0 0 / 0 0 0 0 0 / 1 6 4 1 6

フリップアコイン

開催	条件・着順	距離・タイム	体重・差	斤量・騎手	頭数・枠・人気	通過・上り	位置取り	勝ち馬
1福④ 4.16	1勝 牝 馬 12	壬芝 1116	442 Ⓗ 0.9	53 佐々木大	16ト5 ヌ13人	⑫⑪⑪ 34.8	向正不 36.8	ロゼクラン
1京④ 4.30	1勝 定量 8	兲外 1353	444 Ⓜ 0.6	56 鮫島駿	12ト8 ヌ12人	899 36.7	後方詰 34.5	パタゴニア
1函② 6.11	遊楽部 1勝 牝 7	六芝 1483	446 Ⓗ 0.5	56 斎藤	16ト7 ヌ16人	⑭⑮⑮ 37.2	後方詰 35.0	アルジーヌ
1札④ 7.30	1勝 牝 馬 9	六芝 1487	450 Ⓢ 1.1	56 斎藤	13ト7 ヌ9人	9⑪⑫ 37.8	後方詰 34.8	ココナッツブ
2札① 8.12	石狩 1勝 定量 6	六芝 1501	454 Ⓢ 0.3	56 角田大和	9ト3 ヌ9人	334 38.5	前塞る 35.6	キングロコマ

0 0 0 1 0 / 0 0 0 1 0 / 0 0 0 0 0 / 2 1 0 9 2 / ○ 0 0 0 1

出走馬

枠	馬番	馬名	父	母（母父）	性齢・毛色	斤量	騎手	騎乗成績	クラス賞金	総賞金	厩舎	馬主	生産牧場
8 桃	14	チャーチャンテン	リーチザクラウン	ラゴディラゴライ 1勝（ピュアブライズ）	牝5 黒鹿毛	56	黛	0 0 0 3	1勝 400	411	浅野 東	田頭勇貴	ひ大滝康晴
8 桃	13	シャトンアンジュ	ディープインパクト	ステファニーズキトゥン 輸入（キトゥンズジョイ）	牝4 黒鹿毛	56 B	替 池添	0 0 0 0	1勝 0	1002	池添学 西	サンデーR	安ノーザン
7 橙	12	トーセンウォルト	トーセンレーヴ	ベンネトゥッピー 輸入（タイガーヒル）	牡3 鹿毛	▲52	佐藤翔	0 0 0 1	1勝 400	730	小桧山 東	島川隆哉	日エスティ
7 橙	11	ノレッジビューティ	キタサンブラック	タッチオブパラダイス 輸入（フランケル）	牝3 鹿毛	53	横山武	1 2 1 0	1勝 400	地元馬主 2030	上村 西	(有)ヤナガワ牧場	日ヤナガワ
6 緑	10	タケトンボ	エイシンフラッシュ	エアルシアン 1勝（ジャングルポケット）	牝4 黒鹿毛	★52	古川奈	0 0 0 2	1勝 400	函館購入 1602	飯田雄 西	(有)イクタ	新村本牧場
6 緑	9	ユキノエリザベス	キタサンブラック	スキャンパー 輸入（オアシスドリーム）	牝4 黒鹿毛	56 B	替 丹内	0 0 0 0	1勝 400	890	竹内 東	井上基之	ひ服部牧場
5 黄	8	バロックダンス	モーリス	リトミックダンス 1勝（ダンスインザダーク）	牝3 青鹿毛	53	替 宮川実	0 0 0 0	1勝 400	地元馬主 1321	小手川 東	吉田照哉	社台ファ
5 黄	7	地 プリティユニバンス	ヴィクトワールピサ	ユキアカリノマチ 0勝（キングカメハメハ）	牝6 黒鹿毛	56	替 鮫島駿	0 0 0 0	1勝 70	1706	村山 西	亀井哲也	社台ファ
4 青	6	エマヌエーレ	ロードカナロア	エマノン 4勝（ハーツクライ）	牡3 鹿毛	55	替 モレイラ	0 0 0 0	1勝 400	1755	平田 西	丸山担	安ノーザン
4 青	5	パンデアスカル	モーリス	コルコバード 5勝（ステイゴールド）	牡3 鹿毛	55 B	北村友	0 1 0 1	1勝 400	函館購入 1315	高野 西	キャロットF	安ノーザン
赤	4	カズ…キ	…	メイショウセイカ 未登録（クロフネ）	鹿毛	▲52	替 小林勝	0 0 0 …	1勝 40…	82…	梅田智 西	大石秀…	日ヤナガ…
2	2	リ…コッチ	ハーツクライ	…	牝3	53	岩田望	0 0 0	0	693	…位 西	…田昭雄	…白老F
白 1	1	…	…	レイリオン 2勝（ダイワメジャー）	鹿毛	5…	藤…	1 0	1勝	地元馬主	安田	キャロ…	安ノー…

父ハービンジャーは、イギリス生まれ。キングジョージ6世＆クイーンエリザベスＳというＧⅠレースを、２着に11馬身差をつけ、レースレコードで圧勝。スタミナとスピードを併せ持つ種牡馬として期待され、日本にやってきました。産駒には洋芝が得意な馬が多く、北海道はうってつけの舞台。

「着順で見るな、着差で見よ」。それに加え、血統面からも狙えた１頭です。どの父の産駒はどこの競馬場で好成績を挙げているのか、探してみて下さい。芝かダートか、距離の長短は175ページの平出貴昭さんの『種牡馬適性分布図』を参考に。血統、面白いですョ。

2023年8月26日　2回札幌5日
7R　3歳以上1勝クラス

着順	枠番	馬番	馬名	性齢	斤量	騎手	タイム着差	人気	馬体重	増減	厩舎
1	3	③	マンクスホップ	牝4	55	角田和	1:48.4	⑧	446	-8	松永幹
2	4	⑥	エマヌエーレ	牡3	55	モレイラ	クビ	③	496	±0	平田
3	7	⑪	ノレッジビューティ	牝3	53	横山武	1 1/2	①	446	+4	上村
4	5	⑧	バロックダンス	牝3	53	宮川	1 3/4	⑤	470	+6	小手川
5	8	⑬	シャトンアンジュ	牝4	56	池添	アタマ	⑥	450	+18	池添

［配当］

単勝　③　4810円
複勝　③　450円
　　　⑥　150円
　　　⑪　120円
枠連　3－4　2610円

ワイド　③－⑥　1510円
　　　　③－⑪　1140円
　　　　⑥－⑪　280円
馬連　③－⑥　4670円
馬単　③→⑥　21040円
3連複　③－⑥－⑪　5130円
3連単　③→⑥→⑪　68260円

CASE6

2024年2月11日(日)
小倉11R　北九州短距離S　オープン
芝1200m・別定　18頭

キーポイント

コース

★特注馬★

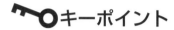

2枠3番ブトンドール
▶▶▶▶▶ 10番人気3着

デビュー2連勝で函館2歳Sを制し、3戦目のファンタジーS2着。
その後、冴えない戦績が続くが、調教の動きはとにかくいい。
平坦の芝1200mは、昨年6月の函館スプリントSで0秒4差の5着がある。復活するなら、ここしかない。

JRAには10の競馬場があって、そのすべてが個性的だと話しました。どの馬が、どの競馬場の、どの要素に高い適性があるのか。それはあくまで推測ですが、過去の成績などから読み解く必要があります。

ブトンドールは、それまでのキャリア9戦の中で、最後の直線に坂のある阪神の芝コースで5戦。ファンタジーSとい

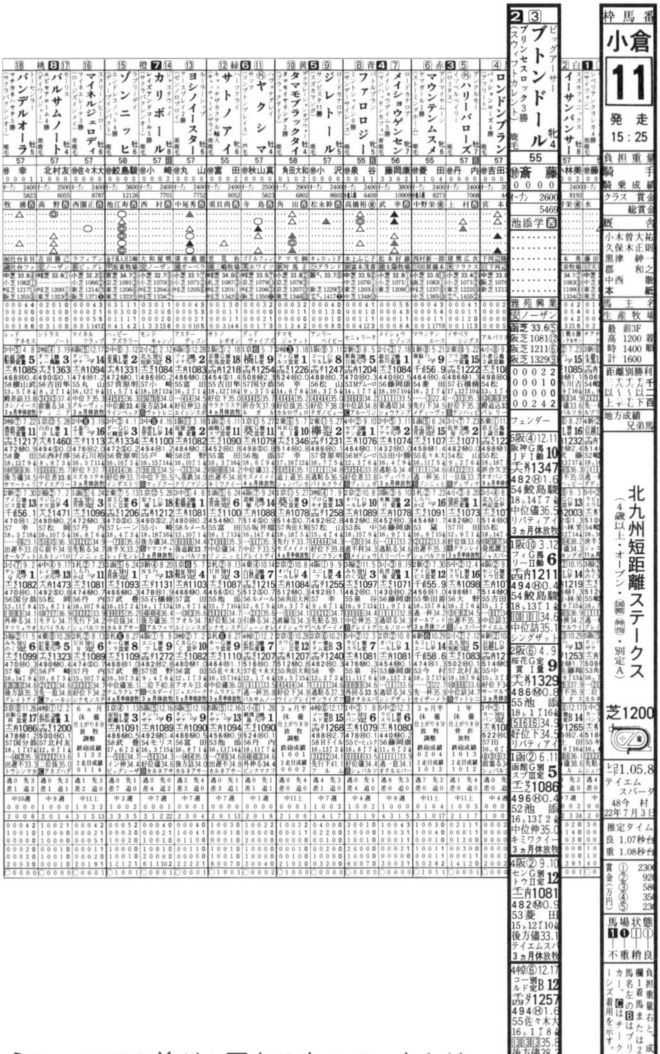

うレースで２着が１回あるものの、あとはすべて掲示板（５着以内）を外していました。

しかし、ブログに書いたように、直線平

坦の函館ではデビュー２連勝。重賞まで制し、３歳で挑んだ函館スプリントＳというレースでは、古馬に混じって、世代最先着の５着に頑張ったのです。

では、今回の舞台である小倉はといえば、直線平坦の右回り小回り。函館との類似点はありますよね。

調教の動きは、相変わらず抜群との評価。重賞勝ち馬が、10番人気の低評価ならばと狙ったところ、大接戦の３着に頑張ってくれました。

戦いの舞台である、それぞれの競馬場の形状を知ることは大事。馬だけでなく、馬券を買うボクたちにとっても戦いの舞台となるのですから。

2024年2月11日　2回小倉2日
11R　北九州短距離S　オープン

着順	枠番	馬番	馬名	性齢	斤量	騎手	タイム 着差	人気	馬体重	増減	厩舎
1	7	⑬	ヨシノイースター	牡6	57	丸山元	1:08.0	⑤	486	-2	中尾
2	7	⑮	ゾンニッヒ	牡6	58	鮫島駿	3/4	①	472	-14	池江
3	2	③	ブトンドール	牝4	55	斎藤	クビ	⑩	492	-2	池添
4	8	⑰	バルサムノート	牡4	57	北村友	クビ	③	498	-2	高野
5	1	①	アビッグチア	牝6	55	藤岡佑	ハナ	⑫	520	+2	水野

［配当］

単勝	⑬	1090円
複勝	⑬	330円
	⑮	170円
	③	620円
枠連	7－7	1780円
ワイド	⑬－⑮	810円
	③－⑬	3750円
	③－⑮	2020円
馬連	⑬－⑮	1880円
馬単	⑬→⑮	4670円
3連複	③－⑬－⑮	14180円
3連単	⑬→⑮→③	83320円

CASE7

2023年8月13日(日)
新潟12R　3歳以上1勝クラス
芝1400m・定量　18頭

キーポイント

展開／コース

★特注馬★

6枠11番ソレントフレイバー
▶▶▶▶▶ 10番人気3着

追い込んで届かずのレースが続くが、馬券圏内まであと僅か。それでも終いは確実だ。
新潟芝1400mは3戦して、3、4、4着。内回り向きの末脚の持ち主なら。

これもコースの話。新潟競馬場には内回りと外回りのコースがあり、直線の長さも、内回りは約358m、外回りは約658m。直線の長い外回りのほうが追い込みやすいイメージですが、差し馬には、長くいい脚が使えるタイプと、逆に、使える脚が一瞬という馬がいるんですね。後者のような馬は、いわゆる"仕掛けどころの難しい"タイプ。短い直線のほうが長所を活かしやすかったりもします。このソレントフレイバーも、これまでの戦績から、そんな馬かもしれないと推理

新潟 12

発走 16:30

3歳以上1勝クラス（混・特指・定量）

芝内1400

レコード 1.19.0 マグナーテン 57岡部 02年7月14日

推定タイム 良 1.21秒台 重 1.22秒台

賞金（万円）	
①	800
②	320
③	200
④	120
⑤	80

馬場状態 不 重 稍 良

新潟芝 右芝 右ダート 左ダート 左芝

→芝重 勝利

本紙予想: 小木曽大祐 久保木正則 黒津紳一 郡和之 中西徹 本紙

6枠 11 ソレントフレイバー 牡4 鹿毛

キタサンブラック / ポワティエ 0勝（ルアーヴル）

負担重量	58
騎手	野中
騎乗成績	0 0 0 3
クラス 賞金	1勝 400
総賞金	1291
厩舎	久保田（東）
予想	△ △ △ … △
馬主名	尾田信夫
生産牧場	日高 畠山牧場
最高時計 前3F	新芝 34.6③
1400	東芝 1215⑤
1600	東芝 1335⑬
距離別勝利	0 0 0 1 1 / 0 0 0 0 0 / 0 0 1 1 1 / 0 1 7 5 5
兄弟馬	タツオウカ ケンラン

開催	6中京⑤ 12.17	2東② 4.23	2東⑥ 5.7	1新⑧ 5.21	3東④ 6.11
クラス・着順	1勝 混 9	1勝 混 13	1勝 混 5	1勝 定量 4	1勝 混 7
距離・タイム	西芝1218	天芝1335	西芝1215	西内1228	天芝1357
馬体重・差	504 M 0.4	492 M 0.8	486 H 0.6	484 H 0.6	482 S 0.8
斤量・騎手	56 菱田	58 田辺	58 野中	58 野中	58 野中
頭数・馬番・人気	16ト10番10人	15ト6番10人	17ト7番8人	16ト9番3人	13ト13番8人
通過順・上り	中位儘 34.7	⑭⑮⑮ 37.2 出足悪 33.6	…⑬⑫ 36.2 後方詰 34.5	⑮⑬⑬ 35.5 後方詰 35.7	⑩⑪⑩ 37.6 後方詰 34.2
勝ち馬	コズミックフ	ヴルカーノ	ヴェールアン	カールスモー	マルチャン
備考	4ヵ月休放牧				

1 0 0 0 0 / 0 0 0 0 0 / 2 0 0 0 1 / 8 1 0 4 3

○ 0 0 0 1

出走馬

枠	馬番	馬名	性齢	毛色	父	母（母父）	重量	騎手	騎乗成績	クラス賞金	総賞金	厩舎	馬主	生産牧場
桃8	18	ヴォンヌヴォー	牝3	鹿毛	ドレフォン	ヴェイルイブクララ 0勝（ゼンノロブロイ）	53 B	柴田大	0 0 0 0	1勝 400	217	菊川（東）	平川浩之	谷口牧場
桃8	17	レッドアヴァンティ	牡4	栗毛	ドゥラメンテ	サウンタ 輸入（インヴィンシブルスピリット）	58	Mデムーロ	1 1 0 1	1勝 400	1190	尾関（東）	東京HR	杵臼牧場
7	16	クレセントウイング	牡3	鹿毛	ロードカナロア	ウイングザムーン 6勝（アドマイヤムーン）	55	菅原明	0 0 0 0	1勝 400	808	手塚（東）	ヒダカBU	高昭牧場
橙7	15	ジュンフシナ	牡3	黒鹿毛	エピファネイア	アルフィルク 0勝（アグネスタキオン）	55	田辺	1 0 0 3	1勝 400	620	中舘（東）	河合純二	平野牧場
橙7	14	ジュード	牡3	栗毛	モーリス	パンデイア 0勝（ディープインパクト）	55 B	ルメール	0 0 0 1	1勝 400	1320	手塚（東）	シルクレーシ	ノーザン
6	13	ストームサージ	騸4	青鹿毛	エピファネイア	ウェイヴランナー 輸入（レイヴンズパス）	58	吉田豊	0 0 0 0	1勝 230	285	松永康（東）		ダーレー
6	11	ソレントフレイバー	牡4	鹿毛	キタサンブラック	ポワティエ 0勝（ルアーヴル）	58	野中	0 0 0 3	1勝 400	1291	久保田（東）	尾田信夫	畠山牧場
黄5	9	スクルトゥーラ	牝4	鹿毛	ロードカナロア	カービングパス 3勝（ハービンジャー）	56	北村宏	0 0 0 0	1勝 400	1630	鹿戸雄（東）	サンデーR	ノーザン
青4	8	ドライブアローカス	牡3	黒鹿毛	キンシャサノキセキ	プリンセスノンコ 1勝（オーブ）	55	杉原	0 0 0 1	1勝 400	1227	小笠（東）	吉田照哉	社台ファ
青4	7	オメガキャプテン	牡3	芦毛	ヴィクトワールピサ	レッドルシパ 0勝（レッドランサム）	55	戸崎	1 1 0 0	1勝 400	1130	大和田（東）	原禮子	岡田スタ
赤3	6	ダニエラハニー	牝4	黒鹿毛	トゥザワールド	ヘイハニー 0勝（チェロキーラン）	56	石橋脩	0 0 0 1	1勝 120	140	上原佑（東）	吉田和美	秋田育成
赤3	5	ヤマニンパニータ	牝4	鹿毛	ラブリーデイ	ヤマニンアドーレ 0勝（ダイワメジャー）	56	江田照	1 1 0 4	1勝 400	800	辻（東）	土井肇	廣田光夫
黒2	4	シルヴァーゴースト	牝3	栗毛	トビーズコーナー	アンヌ 0勝（タイキシャトル）	△51	小林脩	0 0 0 0	1勝 400	1476	岩戸（東）	ブルースター	中島牧場
黒2	3	カドゥケウス	牡3	栗毛	ゴールドシップ	マイネソーサリス 5勝（ブライアンズタイム）	◇53	藤田菜	0 0 0 0	1勝 80	92	根本（東）	成富直行	ビッグレ
白	2	カンタベリーガール	牝3	栗毛	フリオーソ	マイガール 0勝（アドマイヤマックス）	53	武士沢	0 0 0 1	1勝 210	273	石栗（東）	峰哲馬	

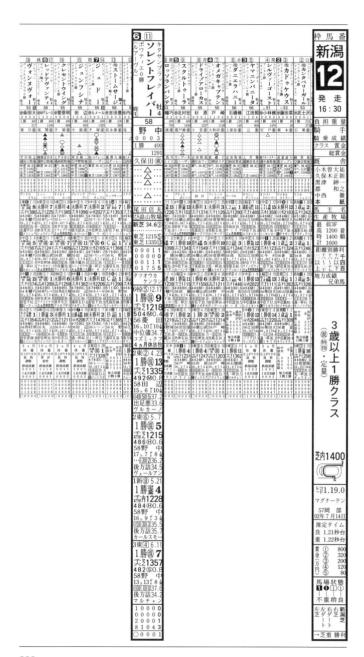

したわけです。

するとレースでは、18頭立ての中団後方、前から12番手で進め、最後の直線で外から鋭く伸び、これは突き抜けるんじゃないかと思わせる勢いでしたが、先頭には届かず、2着馬にも内をすくわれての3着。やはり、使える脚は“一瞬”なんだなと。

10番人気で3着ですから、個人的には大満足の馬券となりましたが、逆に長い直線のコースで人気になるようなら、狙いは下げてみたい。そう思わせるレースぶり。コースと、馬の脚質の相性を重ね合わせるのは、馬券攻略の大切なポイントと言えそうです。

2023年8月13日　3回新潟2日
12R　3歳以上1勝クラス

着順	枠番	馬番	馬名	性齢	斤量	騎手	タイム着差	人気	馬体重	増減	厩舎
1	4	⑦	オメガキャプテン	牡3	55	戸崎	1:21.2	①	464	+4	大和田
2	4	⑧	ドライブアローカス	牡3	55	杉原	3/4	⑥	444	+2	小笠
3	6	⑪	ソレントフレイバー	牡4	58	野中	3/4	⑩	488	+6	久保田
4	5	⑨	スクルトゥーラ	牝4	56	北村宏	1 1/4	④	432	-2	鹿戸
5	7	⑭	ジュドー	牡3	55	ルメール	ハナ	②	480	+4	手塚

[配当]

単勝　⑦　290円
複勝　⑦　150円
　　　⑧　440円
　　　⑪　620円
枠連　4－4　3010円

ワイド　⑦－⑧　1000円
　　　　⑦－⑪　1690円
　　　　⑧－⑪　6420円
馬連　⑦－⑧　2380円
馬単　⑦→⑧　4080円
3連複　⑦－⑧－⑪　25010円
3連単　⑦→⑧→⑪　88150円

CASE8

2023年6月24日(土)
東京7R　3歳以上1勝クラス
ダート1600m・定量　14頭

キーポイント

ブリンカー／マル地

★特注馬★

4枠6番カプラローラ
▶▶▶▶▶6番人気1着

再転入2戦目の前走、ダートに戻して6着だったが、勝ち馬から0秒4差と目処の立つ走り。未勝利時に3着があるように、この舞台は向くようだ。
今回、ブリンカーを再着用。その効果に期待する。

このカプラローラは、2021年、2歳の10月にＪＲＡでデビューしたものの、6戦して勝ち星を挙げることができず、一旦、地方競馬に転出。再転入の要件を満たし、4歳で再び中央競馬に戻ってきた馬。

こういう馬を、通称“マル地”と言います。“マル地”とは、馬の名前の上に“㊞”と書いてあるもの。今は中央に在籍していますが、以前は地方競馬に所属していたことを表しています。

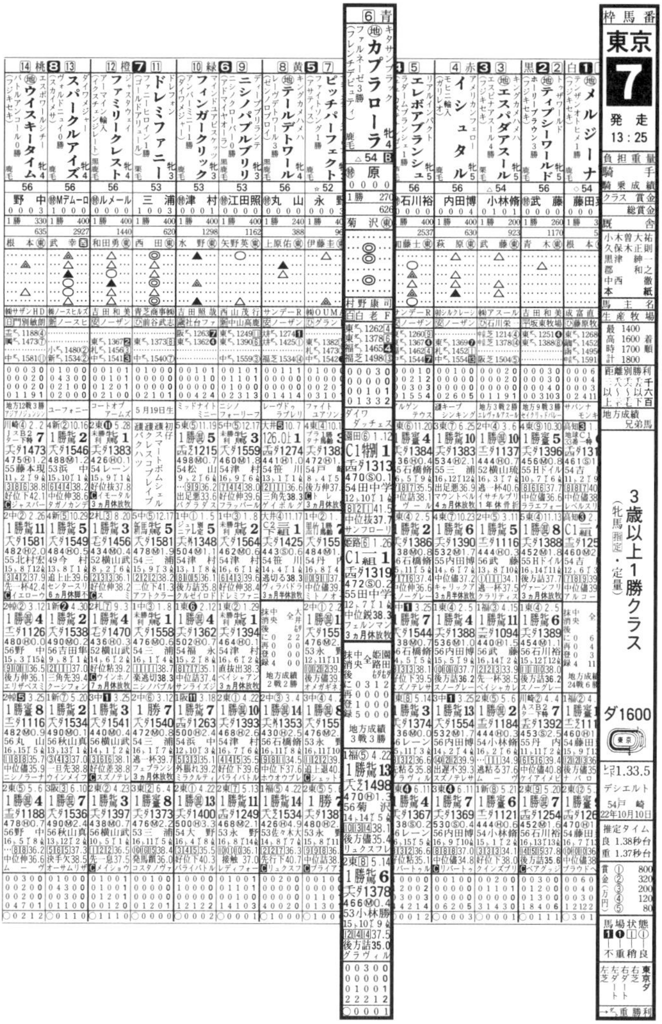

ちなみに、"カク地"は、地のこと。地方競馬所属のまま、今回スポットで中央に参戦している馬。"マル外"は外のこと。外国で生まれて日本へ持ってきた外国産馬を意味します。

カプラローラは、転出前の最後のレースでは、ブリンカーを着けて走っていましたが、再転入後の２戦は着用せず。３戦目での再ブリンカーに期待したところ、３馬身差の快勝。その効果は抜群だったということでしょう。

マル地の馬は、往々にして中央実績が乏しいので、つい軽視しがちになります。隠れた実力の持ち主なのに、人気にならないことも多いのです。

「競馬の予想は犯人探し。証拠とアリバイを隅々まで突っついて、犯人をあぶり出す」。馬名の上の部分や、ブリンカー着用を表す小さな“B”の文字など、犯人探しの手掛かりは、あちらこちらに隠れています。見逃さないようにして下さい。

2023年6月24日　3回東京7日
7R　3歳以上1勝クラス

着順	枠番	馬番	馬名	性齢	斤量	騎手	タイム着差	人気	馬体重	増減	厩舎
1	4	⑥	カプラローラ	牝4	54	原	1:37.0	⑥	470	+4	菊沢
2	3	③	エスパダアスール	牝5	54	小林脩	3	⑧	442	-2	武藤
3	6	⑩	フィンガークリック	牝3	53	津村	1	⑤	502	+2	水野
4	5	⑦	ピッチパーフェクト	牝3	52	永野	ハナ	⑦	480	±0	伊藤圭
5	7	⑫	ファミリークレスト	牝4	56	ルメール	1/2	②	436	-2	和田勇

［配当］

単勝	⑥	1120円
複勝	⑥	400円
	③	740円
	⑩	390円
枠連	3−4	2180円
ワイド	③−⑥	3660円
	⑥−⑩	1600円
	③−⑩	4030円
馬連	③−⑥	12970円
馬単	⑥→③	20500円
3連複	③−⑥−⑩	34710円
3連単	⑥→③→⑩	230620円

CASE9

2023年2月4日(土)
東京11R 早春S 4歳以上3勝クラス
芝2400m・ハンデ　12頭

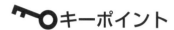

キーポイント

障害帰り

★特注馬★

8枠11番　サペラヴィ
▶▶▶▶▶12番人気2着

3勝クラスには、東京のアメジストS2着、府中S5着(勝ち馬と0秒2差)、中京のムーンライトS5着(2着馬と0秒3差)があり、左回りの中距離戦には好走の可能性を秘めている。

55キロのハンデは、ハンデキャッパーがこの馬の力を認めている証し。障害効果で脚力を付けていれば。

東京 11

発走 15:45

早春ステークス（そうしゅん）

（4歳以上・3勝クラス・㊟・ハンデ）

芝2400

レコード 2.20.6 アーモンドアイ 53 ルメール 18年11月25日

〔今回推定タイム〕 良 2.25秒台 重 2.26秒台

枠馬番	1 白1	2 黒2	3 3	4 青4	5 黄5	6 6	7 緑7	8 8	9 橙7	10 橙10	11 8	12 桃12
父	[illegible]	ハーツクライ	ケープブランコ	ヴァンセンヌ	キングカメハメハ	ワールドエース	ゴールドシップ	キングカメハメハ	ディープインパクト	トーセンラー	ローズキングダム	ゴールドシップ
母	ダイヤモンドギフト未登録	ゴジップガール輸入	クリスコンフリクト未登録	サクラパピルス0勝	スイートサルサ5勝	シナル2勝	ウッドシップ4勝	クルミナル2勝	ジョコンダII輸入	パリージョ0勝	セミニョン2勝	トウホクビジン公営
(母の父)	(ブライアンズタイム)	(ダイナフォーマー)	(シンボリクリスエス)	(アグネスデジタル)	(デュランダル)	(キングカメハメハ)	(クロフネ)	(ディープインパクト)	(ロッシーニ)	[illegible]	(マンハッタンカフェ)	(スマートボーイ)
馬名	エドノフェリーチェ	チャックネイト	アイブランコ	ファユエン	シルキーヴォイス	サンストックトン	メガゴールド	ククナ	フィリオアレグロ	アケルナルスター	サペラヴィ	マイネルコロンブス
性齢	[illegible]	牡5	牡6	牝5	牡5	牡4	牡5	牝5	牡6	牡4	牡6	牡6
毛色	芦毛	鹿毛	栗毛	鹿毛	栗毛	栗毛	芦毛	黒鹿毛	鹿毛	[illegible]	鹿毛	鹿毛
負担重量	55	56 B	54	53	55 B	57	55 B	56	57 B	55	55	55 B
騎手	替 戸…	替 田辺	内田博	替 北村宏	替 横山和	横山武	替 菅原明	替 ルメール	替 石橋脩	三浦	替 石川裕	柴田大
騎乗成績	0 0 0 …	0 0 0 0	2 2 5 7	0 0 0 0	0 0 0 0	3 5 1 0	0 0 0 0	1 3 3 1	0 0 0 0	…0 0 0 0	0 0 0 1	1 0 0 5
クラス 賞金	3勝 15…	3勝 1500	3勝 1500	3勝 1500	3勝 1500	3勝 1500	3勝 1500	3勝 1600	3勝 1500	…勝 1500	3勝 1500	3勝 1500
総賞金	83…	4280	6531	3710	3805	5254	3331	7499	6127	3913	6005	5527
厩舎	相沢…	堀 (東)	中野栄 (東)	勢司 (東)	池江寿 (西)	鹿戸雄 (東)	須貝尚 (西)	栗田徹 (東)	堀 (東)	清水英 (東)	南田 (東)	清水英 (東)
小木曽大祐	…	△	…	◬	△	◎	…	○	△	▲	…	…
久保木正則	△	▲	…	…	…	◎	…	○	△	◬	△	…
黒津紳一	△	…	…	▲	…	○	…	◎	△	◬	…	△
郡和之	△	▲	…	△	…	◎	…	○	◬	△	…	…
中西徹	△	◬	…	…	…	◎	…	○	△	▲	…	…
本紙	△	▲	…	△	…	◎	…	○	◬	△	…	…
馬主名	遠藤喜…	金子真人HD㈱	ライフエンター	谷岡毅	金子真人HD㈱	㈱加藤S	㈲小林英一HD	キャロットF	サンデーR	…見貴昭	伊達敏明	ラフィアン
生産牧場	ひフジワ…	蔵社台ファ	浦日本中央	ひ谷岡スタ	日シンボリ	日加藤ステ	日出口牧場	安ノーザン	安ノーザン	…岡田スタ	日サンシャ	新ビッグレ
最高時計 1800	……	東芝1482③	中芝1499⑩	阪芝1467⑦	……	阪芝1463②	新ダ1516❹	東芝1457②	東芝1503③	…芝1473③	東芝1458⑭	……
最高時計 2000	中芝2043…	……	東芝1598①	東芝1587①	札芝2014①	中芝2001②	中京芝2044⑩	新芝1583③	東芝2017❶	…芝1599⑩	東芝1585①	阪芝2034⑭
最高時計 2200	新芝212…	中京芝2129①	中京芝2185❸	……	阪芝2142⑧	中芝2148②	……	……	中芝2168⑦	…芝2182⑥	中京芝2128⑤	中京芝2124⑤
最高時計 2400	東芝223…	東芝2262⑤	東芝2236②	……	阪芝2302②	東芝2245①	……	東芝2250⑦	東芝2231③	…芝2275③	東芝2266⑥	東芝2248⑦
距離別勝利 二千四百以上	3 0 0 0 …	3 0 0 0 0	1 2 0 0 0	0 3 0 0 0	2 1 0 0 1	1 2 0 0 1	0 3 0 0 0	0 1 0 1 0	2 1 0 0 1	…2 0 0 0	0 3 0 0 0	3 0 0 0 1
二千七百〜二千二百	5 0 0 0 …	1 0 0 0 0	1 1 0 0 1	0 0 0 0 0	2 0 0 0 1	1 4 0 0 0	0 1 0 0 0	0 2 1 0 0	1 0 0 0 1	…0 0 0 0	0 1 0 0 0	2 0 0 0 1
千七百〜千八百	6 0 0 0 …	3 1 0 0 0	6 2 0 0 3	0 1 0 0 0	1 0 0 0 0	0 1 0 0 0	0 0 0 0 0	0 2 1 1 0	2 1 0 0 2	…1 0 0 1	1 1 0 0 0	2 0 0 0 0
千四百以下	9 2 0 0 …	2 0 0 0 1	7 10 0 2 6	0 8 1 0 0	5 2 0 0 0	0 2 0 0 0	0 16 1 0 0	1 1 2 0 1	2 1 0 0 0	…7 0 0 0	6 13 0 1 2	15 2 0 0 4
地方成績 兄弟馬	ビークイ…	サトノディーード	フィズアップ	ジュズマル	公ノーブルタイム	サンアップルトン	ツインシップ	アライバル	サトノクラウン	…イミヤ	障害3戦1勝 アブルヴァ	ユノートルベル
脚質別連対数	逃1 先… 差5 追…	逃0 先1 差3 追0	逃0 先0 差4 追1	逃0 先0 差2 追1	逃0 先1 差3 追1	逃0 先2 差5 追1	逃1 先3 差0 追0	逃0 先0 差4 追1	逃0 先4 差0 追0	逃0 先0 差1 追2	逃0 先1 差3 追0	逃0 先2 差2 追1
出走間隔	中3週	中3週	中5週	中8週	中3週	中3週	中9週	中7週	中11上	中5週	中10週	中3週
成績	3 1 3 …	0 1 2 1	0 0 0 2	0 0 0 0	1 0 0 1	1 0 0 1	0 0 0 0	0 0 0 1	1 0 2 2	…0 0 0 1	1 0 0 0	1 0 0 2
特別成績	1 3 5 …	1 0 1 2	2 1 4 8	1 0 1 5	1 0 1 2	1 3 1 2	0 0 0 6	1 3 3 4	1 0 3 3	…2 0 2 7	1 1 2 18	1 2 2 12
東京芝	2 0 0 1 …	2 0 0 1 0	2 0 0 1 1	2 0 0 1 1	0 0 0 3 0	2 0 0 1 2	0 0 3 0 0	1 0 0 1 1	2 0 0 1 2	…0 0 2 1	3 0 0 0 2	1 0 0 2 0
右芝	2 0 0 3 …	0 0 0 1 0	2 0 0 0 2	0 0 0 0 0	0 0 0 2 0	0 0 0 5 0	0 1 0 0 0	3 0 0 0 3	1 0 0 0 1	…0 0 0 0	1 0 0 0 1	1 0 0 1 1
右ダート	3 0 0 3 …	1 0 0 3 1	6 0 0 2 3	1 0 0 0 1	0 0 0 1 0	0 0 0 1 0	0 0 0 0 0	2 0 0 2 1	3 0 0 0 3	…0 0 0 1	0 0 0 2 0	0 0 0 2 0
左ダート	2 0 0 0 …	0 0 0 1 0	2 0 0 1 1	2 0 0 1 2	0 0 0 1 0	0 0 0 0 0	0 3 1 0 0	1 0 0 0 0	0 0 0 0 0	…0 0 1 0	0 0 0 2 0	0 0 0 1 0
左芝	2 0 0 1 …	1 0 0 0 1	2 0 0 0 1	1 0 0 0 1	0 0 0 0 0	0 0 0 0 0	0 2 1 0 0	0 0 0 1 0	0 0 0 0 0	…0 0 0 0	3 0 0 2 2	3 0 0 3 0
芝重巧拙・勝利度数	2 0 0 4 …	0 0 0 0 0	6 0 1 7 6	4 0 0 1 2	0 0 0 6 0	1 0 0 1 1	1 4 5 0 0	1 0 0 1 1	1 0 0 2 0	…0 0 4 3	9 0 0 4 7	3 0 0 7 2
	○0 0 0 …	○0 0 0 0 0	○0 0 0 2 0	○0 0 0 0 0	○0 0 0 0 1	○0 0 0 0 0	○0 0 0 0 0	○0 0 0 0 0	○1 0 0 0 0	…0 0 0 0 0	○1 0 0 1	○1 0 0 2

〔成績の見方〕

①2東⑫ 5.29 ②ダービーG定量 1 ③二四芝2240 ④502Ⓜ0.0 ⑤57川田 ⑥18ト3ゴ3ム ⑦⑧⑧⑧37.0 ⑧中位伸33.3 ⑨サトノダイヤ

①場所（馬場状態）月日
②競走名　条件　着順
③距離　時計
④体重　ペース　秒差
⑤負担重量　騎手
⑥頭数　枠順　人気
⑦通過順　前半3F
⑧短評　後半3F
⑨1着または2着馬名

※ペースの表記
Ⓢ…スローペース
Ⓜ…平均ペース
Ⓗ…ハイペース

※通過順の○数字は不利を示す。

※後半3Fの太字はメンバー中最速であったことを示す。

馬場状態 ❶❶①① 不重稍良

賞金（万円）	
①	1840
②	740
③	460
④	280
⑤	184

脚質別連対数

出走間隔 成績

特別成績

東京芝 右芝 右ダート 左ダート 左芝 ①着 ②着 ③着 ④着 ⑤着 着外 コース別勝利度数

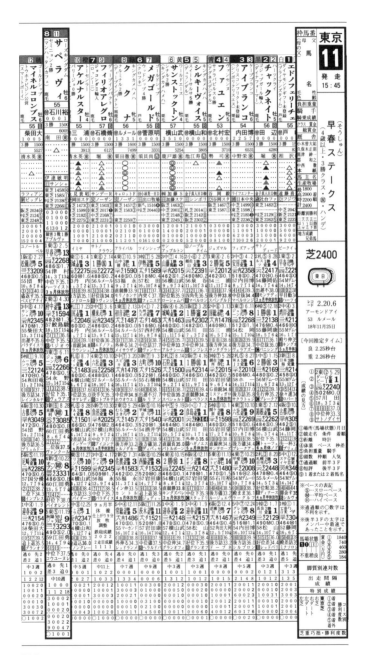

芝重巧拙・勝利度数

障害レースを使った馬が、平地のレースにもどることを"障害帰り"と言います。この障害帰りの馬が穴をあけるのは、昔から時折見られ、古くは92年に宝塚記念と有馬記念の春秋グランプリを制したメジロパーマーや、98年の日経賞でしんがり12番人気の低評価を覆して優勝、単勝35570円の大波乱を演出したテンジンショウグンも、このパターン。

その要因としては、ぐっと踏み込んで障害を飛越するので、トモの筋肉が鍛えられるというのがひとつ。もうひとつは、障害ごとにスピードを落として飛ぶので、走りに緩急をつけられるようになる。いわゆる"息を入れられる"ようになり、一気にガーッと行ってしまうような馬は、走りが変わると言われます。

たまに厩舎コメントで、「中間、障害練習を取り入れた効果があれば」というのを見かけます。この場合も、もしかしたら即効性があるかもしれないので、一応チェックはしてみるといいかも。

サペラヴィは、3勝クラスで、ちょっと頭打ちの成績が続いていたこともあってか、障害に転向。その初戦で障害初勝利を挙げ、ジャンプレースへの適性の高さも見せました。障害オープンで2戦凡走が続き、3ヶ月振りとなった実戦に再びの平地を選んだ理由はわかりかねます(次走はまた障害戦!?)が、59キロや60キロを背負って走る障害レース。早春Sの55キロは軽く感じたのかも?

まさかの大逃げから、最後はクビだけ勝ち馬に交わされましたが、しんがり人気で単勝オッズは234倍の馬。まさに「障害帰りの一発！」でした。

2023年2月4日　1回東京3日
11R　早春S　4歳以上3勝クラス

着順	枠番	馬番	馬名	性齢	斤量	騎手	タイム着差	人気	馬体重	増減	厩舎
1	6	⑧	ククナ	牝5	56	ルメール	2:25.4	③	470	±0	栗田
2	8	⑪	サペラヴィ	牡6	55	石川裕	クビ	⑫	486	-4	南田
3	2	②	チャックネイト	牡5	56	田辺	クビ	②	492	+2	堀
4	7	⑩	アケルナルスター	牡4	55	三浦	3／4	⑥	470	±0	清水英
5	7	⑨	フィリオアレグロ	牡6	57	石橋	クビ	⑤	508	±0	堀

［配当］

単勝	⑧	520円
複勝	⑧	310円
	⑪	5340円
	②	300円
枠連	6－8	8690円
ワイド	⑧－⑪	11210円
	②－⑧	470円
	②－⑪	7360円
馬連	⑧－⑪	46520円
馬単	⑧→⑪	71860円
3連複	②－⑧－⑪	64960円
3連単	⑧→⑪→②	492950円

CASE10

2024年3月3日(日)
小倉10R 西日本新聞杯 4歳以上2勝クラス
芝1200m・定量　18頭

キーポイント

心房細動明け

★特注馬★

4枠7番ワンダーカタリナ
▶▶▶▶▶16番人気2着

心房細動明けとはいえ、持ち時計は互角。一発！

ボクのブログではおなじみの(笑)、“心房細動明け”。

これは余談に近く、オカルトチックなサンプルですが、休み明けの馬の休養理由や、前走大敗時のレース短評に“心房細動”とあると、なぜかその次のレースは好走する場合がある。必ず馬券に絡むわけではありませんょ。でも、来ればデカい。

「なんで走ったの？」

「まったくわからない。心房細動明けだからじゃない？」

科学的根拠がなくてすみません(笑)。

心房細動は、人間にもある不整脈のようなもので、ワンダーカタリナの前走、2023年12月3日の阪神芝1400m戦では、15頭立ての15着。それも勝ち馬から4秒1も離さ

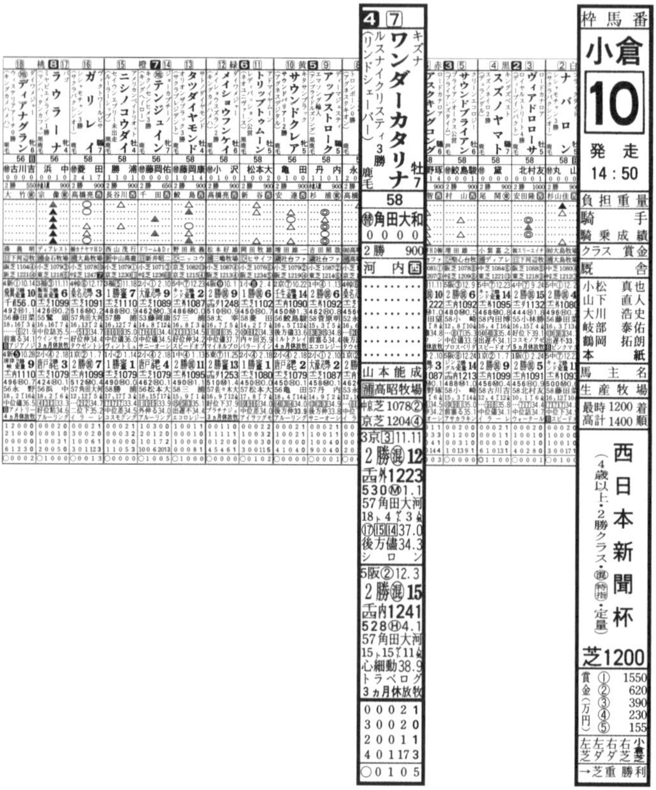

れての入線でした。

そんなレースの次ですから、普通は好走などのぞむべくもない。しかし、心房細動明けは、なぜか走っちゃうことがあるから不思議です…。

西日本新聞杯はフルゲートの18頭立て。正直、馬券の買い方で悩みました。相手を見つけて、3連複の軸2頭にしようかと思いましたが、相手が来なかったら悔しくて仕方ない。そこで、まずはワイドの総流しを決めて、17点。馬連はというと…選んじゃったんですよ。絞って買っちゃった。勝ったメイショウフンケイは、馬体重のプラス32キロを知って、真っ先に切りました(泣)。ここも総流しにしなきゃ…。

でも、見て下さい。3着と半馬身差の4着だったサウンドブライアンの人気。そう、15番人気！“れば”、“たら”ですが、もしこの馬が3着だったら！夢がありますよねっ。

ちなみにワイドの23870円は、ボクのワイドでの最高払い戻し金額となりました。

心房細動明けの馬がいたら、馬券をちょっとだけ買ってみて下さい。当てずっぽうではなく、爆穴を狙うひとつの論拠になりますから。

2024年3月3日(日)　2回小倉8日
10R　西日本新聞杯　4歳以上2勝クラス

着順	枠番	馬番	馬名	性齢	斤量	騎手	タイム 着差	人気	馬体重	増減	厩舎
1	6	⑫	メイショウフンケイ	牡6	58	小沢	1:09.0	⑪	542	+32	高橋亮
2	4	⑦	ワンダーカタリナ	牡7	58	角田和	3	⑯	514	-14	河内
3	7	⑬	タツダイヤモンド	牡4	58	藤岡康	ハナ	③	488	-2	鮫島
4	3	⑤	サウンドブライアン	牡6	58	鮫島駿	1／2	⑮	482	-6	村山
5	2	③	ヴィアドロローサ	牡5	58	北村友	クビ	⑦	454	-2	安田隆

［配当］

単勝	⑫	3420円
複勝	⑫	970円
	⑦	1730円
	⑬	270円
枠連	4－6	15500円
ワイド	⑦－⑫	23870円
	⑫－⑬	3500円
	⑦－⑬	5520円
馬連	⑦－⑫	88890円
馬単	⑫→⑦	175230円
3連複	⑦－⑫－⑬	201830円
3連単	⑫→⑦→⑬	1723530円

いかがですか？　結果論と言うなかれ(笑)。レース前に挙げたブログの引用です。

競馬新聞だけで、こんなに穴馬を見つけることが可能なんです。

美味しい穴馬を見つけるためには、人とは違った着眼点や、斜めの目線を持つ必要があります。

繰り返しになりますが、１～３着の馬は、出走している馬の中に必ずいるのですから。

この本を最初から何度でも読み直して、あなたならではの予想法を、ぜひ見出してください。

長谷川雄啓ブログ
『馬とおしゃべりと音楽と映画』

https://ameblo.jp/t-hasegawa-11/

第6章

まだある競馬の楽しみ方

ここまで読んでもらって、競馬は2つのロマンから成り立っているんだということに気づいた人も多いのでは?
そう、“馬券ロマン”と“馬ロマン”です。
最後の章では、そんな2つのロマンに繋がるお話を、もう少しだけしてみたいと思います。
お付き合い下さい!

夢の馬券 WIN5

WIN5 は、JRA が指定する５つのレースの勝ち馬を、すべて当てる馬券です。

難しく言うと、“５重勝単勝式”の勝ち馬投票券で、2011 年４月 24 日からスタート。インターネットか、競馬場や WINS では UMACA のキャッシュレス投票で購入出来ます。

払戻金の上限は、なんと６億円！ 100 円が６億円ですョ。まさに、夢の馬券ですよね。

過去の最高払戻金額は、2021 年３月 14 日の５億 5444 万 6060 円！ ４－４－10－８－３番人気で決まりました。的中は１票！ そう、総取りです。うらやましい (笑)。

もし、的中者がいなかったり、払戻金に余剰が出た場合には、キャリーオーバーとなり、次回に繰り越されます。

WIN5 歴代最高払戻記録（2024 年５月現在）

2021 年３月 14 日

払戻金 554,446,060 円

レース	WIN ①	WIN ②	WIN ③	WIN ④	WIN ⑤
単勝人気	４番人気	４番人気	10 番人気	８番人気	３番人気
単勝オッズ	9.6	8.5	227.3	13.9	6.3

的中払戻金の上限が2億円だった頃には、的中者がいても余剰が出て、キャリーオーバーが発生した例もありますが、2014年6月7日から、上限が6億円に引き上げられてからは、的中者ゼロの場合以外、キャリーオーバーが発生しなくなりました。

それでも引き上げ以降に、的中者ゼロが5回。4～5億円のお金が次回に繰り越され、WIN5ファンは、色めき立って予想に興じたものです。

実は、ボクは2023年11月までに、このWIN5を46回的中させていて、最高払戻金額は、2012年3月25日の1153万9650円。カレンチャンが優勝した時の、高松宮記念の日です。

「WIN5は当たらないよ」と、敬遠する人も多いようですが、コツさえ掴めば、意外と楽しめるもの。ここでは、そのコツや、買い方をお話していきましょう。

まず、買い目の数はどうなるかと言うと、それぞれのレースで選んだ頭数の掛け算になります。

例えば、すべてのレースの勝ち馬を、1頭で予想した場合。

1×1×1×1×1＝1通り。

最初と最後のレースは2頭にして、あとは1頭にした場合。

2×1×1×1×2＝4通り。

すべてのレースで、2頭ずつを選ぶと、

2×2×2×2×2＝32通り。

これが3頭ずつになると、

３×３×３×３×３＝243通り。

100円ずつ買っても、24300円ものお金がかかってしまいます。これは、なかなか現実的ではないでしょう。

それでは、どうするかというと、“メリハリ”をつけるんですね。例えば、次のよう。

１×２×５×２×３＝60通り。

できれば“１”を作りたい。１を掛けても数字は変わりませんから。その分、他のレースに点数を回せますよね。

ローカルの多頭数とか、短距離のハンデ戦とか、荒れそうだなと思ったレースに点数を回し、堅いと踏んだら、そこは絞る。“堅い”と“荒れる”で、数的なメリハリをつけるということです。

60通りは、100円ずつなら、6000円。３連単５頭ＢＯＸを100円ずつ買うのと、同じ賭け金。３連単で、1000万超えの配当はなかなか狙えませんが、WIN5なら…。数的余裕があるところに、積極的に穴馬を入れてみることをお薦めします。

さらに、ボクは、“グループ買い”を薦めています。

「下手な鉄砲…」じゃないけれど、数を撃たないと、なかなか当たらないのもWIN5。先の1153万円的中の時も、実は６人のグループ買いなんです。

それでも予想は１人で。

レースが５つあるから、「このレースはキミ、このレース

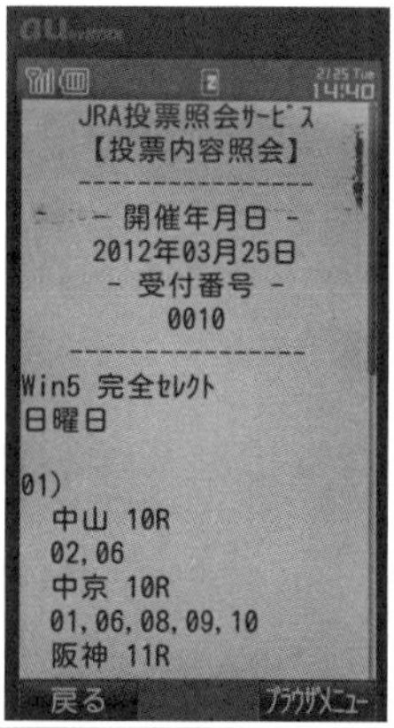

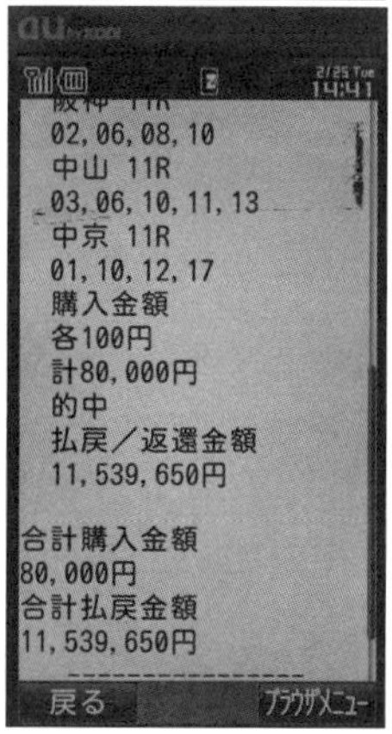

はあなた、これはボク…」だと、みんな“当て”に走るから、人気の馬ばかりで、こじんまりまとまっちゃう。

すべての予想を１人に任せるのがベスト。もしみんなでやりたいのなら、「今週はキミ、来週はあなた、その次はボク…」としたほうがいいと思います。

もちろん、事前に予想のディスカッションは“あり”。ただ、それをまとめる役は１人にして、それを順番に回す。ハズレても、文句は言わない(笑)。それを人数分だけ繰り返せばいいということです。

そういった意味では、グループ買いの時は、人選も大事なポイントになりますかね。

ディープインパクトのような馬がいたら…って、ディープの時代にWIN5はありませんでしたが(笑)、“１”を作れるので、実質“ＷＩＮ４”。それぐらい「ド鉄板！」と思える馬がいる時に、参戦してみてはいかがですか？

それでも、2005年の有馬記念で、ディープインパクトは２着に敗れます。競馬に“絶対”はないということを、改めて付け加えておきたいと思います。

地方競馬を楽しもう

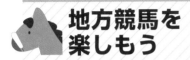

地方競馬とは、国（特殊法人）が運営する中央競馬とは違って、主催は各地方自治体。主に、平日を中心に開催されます。

芝コースがあるのは、岩手県の盛岡競馬場だけ。あとはすべて、ダートコースでの競馬となっています。また、競馬場によっては、ナイター競馬も行われています。

輓馬（ばんば）による「ばんえい競馬」を行う帯広も含め、地方の競馬場は、全国に15ヶ所。

北から、帯広、門別、盛岡、水沢、浦和、船橋、大井、川崎、金沢、笠松、名古屋、園田、姫路、高知、佐賀。

このうち、盛岡と水沢は岩手県競馬。浦和、船橋、大井、川崎は南関東4競馬。笠松と名古屋は東海地区競馬として、グループを形成。持ち回りで開催を行っています。

地方競馬の競馬場にも**右回りと左回り**があり、**平坦**、**小回り**で、**直線が短く**、**基本的には先行有利**と言われます。それでも、仕掛けどころはコースによって様々。地元のジョッキーたちの、瞬時の判断と、手綱さばきがモノを言います。

クラスはA、B、C（Aが上位）、さらにその中でも1、2、3…と組に分かれ、概ね5着までに出る賞金のすべてがクラス分けに反映。組の中でもさらに細分化され、勝たないとク

日本全国の地方競馬場MAP

❶帯広競馬場
❷門別競馬場
❸盛岡競馬場
❹水沢競馬場
❺浦和競馬場
❻船橋競馬場
❼大井競馬場
❽川崎競馬場

❾金沢競馬場
❿笠松競馬場
⓫名古屋競馬場
⓬園田競馬場
⓭姫路競馬場
⓮高知競馬場
⓯佐賀競馬場

ラスが上がらない中央競馬と違って、結構頻繁に新たなクラス編成がなされます。

「競馬をギャンブルからレジャーに変えた」と言われる大井のハイセイコーや、“芦毛の怪物”笠松のオグリキャップなど、地方競馬出身の馬たちが、中央競馬のエリートたちを、バッタバッタとなぎ倒していく姿に、日本中が湧いたこともありました。

また、113戦0勝。走っても、走っても、勝てない、高知のハルウララも、社会現象にまでなりましたよね。

ナイター開催時には、イルミネーション演出がきれいな大井競馬場。日本で唯一、右回りのパドックがある佐賀競馬場。パドックが内馬場にある笠松競馬場など、色々な意味で個性的な地方競馬。

その地方ならではの、競馬場グルメに舌鼓を打ちながら、レースを楽しむのも、地方競馬の醍醐味と言えるでしょう。

競馬場のある土地を訪ねたなら、ぜひ、そこの競馬場に足を運んでみて下さい！

ばんえい競馬
(帯広競馬場)

東京シティ競馬（大井競馬場）

これであなたも競馬通

『トリプル馬単』

南関東４競馬と、ホッカイドウの門別競馬では、トリプル馬単という馬券をインターネット投票で発売しています。正式名称は、“三重勝馬番号二連勝単式”。指定された３つのレースの馬単を、すべて的中させるものですが、50円から購入出来るのがミソ。最大３億円の払い戻しとなります。

買い目はＪＲＡのＷＩＮ５同様、選んだ組み合わせの掛け算。50円ずつ買うのなら、掛け算の合計に0.5を掛ければ、購入金額が出てきます。

馬単は２頭の組み合わせでも、表と裏で２通り。３レースでも、点数はあっという間に増えてしまいます。そこで50円からとは、考えましたよね！

馬術

ひと口に馬術と言っても、様々な競技がありますが、中でもよく知られるのが、**馬場馬術**と**障害飛越競技**。

馬場馬術は、20ｍ×60ｍの長方形の馬場の中で、人馬が演技をするもの。もちろん、乗り手が馬に指示を出しているのですが、あたかも馬が自ら進んで、その動作を行っているように見せるもので、まさに人馬一体の美しさが求められます。

氷上ではありませんが、“馬に跨(また)がってのフィギュアスケート”と表現されることもあり、決められた演技を忠実に行う規定演技だけでなく、音楽に合わせて、オリジナルの演目を披露する自由演技（フリースタイル）もあります。

障害飛越競技は、その名の通り、コース上に設置された障害を人馬が飛び越えていくもの。障害落下や、拒止(きょし)（障害の前で馬が止まる）などの反抗で減点となり、ミスなく、速くゴールに入ることが求められます。

障害コースの設定には、コースデザイナーと呼ばれる人が携わり、わざと中途半端な位置に障害を置いたりもします。乗り手は、例えば、障害間を６完歩で飛ばせるのか、５完歩で飛ばせるのかを決断しなければなりません。

選手は、競技直前の“下見”と呼ばれる時間に、障害と障害の間を歩数で歩測しておくんですね。馬の１完歩は、大きさによっても違いますが、大体３ｍ50～60cm。選手は90cmの歩幅で歩く。つまり、人の４歩で、馬の１完歩。

障害を少し斜めに向けるだけで、弧を描くのか、直線で向かうのか。回るなら６完歩、真っ直ぐなら５完歩。ただ、自分の馬のスピードや跳ぶ力も考えなければいけません。

競技が始まって、馬は初めて障害と相対します。そんな馬の踏み切りやすいところに、上手く誘導してあげるのが選手の役目。人はただ掴まってるだけじゃないんですョ。

その２つの競技に、自然を活かしたコースに設けられた、難易度の高い障害に挑むクロスカントリーを加えたのが、総

合馬術です。馬場馬術、クロスカントリー、障害飛越競技の順に、同じ人馬が、３日間で３種目をこなすのですが、３日目の競技前にはホースインスペクションという馬体調査が行われ、これをパスした馬だけが、３日目の競技に進めるという。あくまで“馬優先主義”。馬の体調管理も、競技の中の重要なポイントになっているのです。

この３つの競技がオリンピック種目で、パラリンピックは馬場馬術のみ。

考えてみれば、動物と人とが一緒に競技をするオリンピック、パラリンピックの種目は馬術だけ。人と馬との絆を示す、ひとつの証しですよね。

馬術について、興味を持った方は、『公益社団法人 日本馬術連盟』のＨＰ（https://www.equitation-japan.com/）や、『公

益社団法人 全国乗馬倶楽部振興協会』(http://www.jouba.jrao.ne.jp/)を、ぜひご覧下さい!

日本馬術連盟　　全国乗馬倶楽部振興協会

これであなたも
競馬通

『パラ馬術競技』

パラ馬術競技とは、国際馬術連盟がルールを定めた、肢体不自由または視覚障がいのある選手向けの、乗馬スポーツのこと。パラリンピックでは、前述のように、馬場馬術競技のみが行われます。

パラ馬術競技は､障がいの程度によって､『グレード1(重い)〜5(軽い)』までのクラスに振り分けられ、競技は男女混合で行われます。

演技終了後、素晴らしい演技を見せてくれた人馬に、心からの拍手を送りたくなりますが、それはパラ馬術競技の観戦においては、控えないといけません。

なぜなら、音に驚いた馬が暴れて、選手を振り落とすなどの危険を伴うから。

その代わり､両手を顔の横のあたりに持っていって､童謡『きらきらぼし』の振り付けのように、両手を振ってあげる。これが拍手と同じ意味になるんですね。

その後、サポートの人が人馬のもとに行き、手綱や口縄を取って、安全が確保されたら、拍手もOK!

シーンと静まり返った静寂の後に、ワーッと会場に鳴り響く拍手の嵐は、感動ものです。

競走馬の引退

リトレーニング

引退した競走馬が、乗用馬になって“第２の馬生”を歩もうとする時、その馬には新たなトレーニングが必要となります。なぜなら、これまで「とにかく速く走れ」と教えられてきたのが、今度は「待て。我慢するんだ」と、真逆なことを求められるから。これをリトレーニングと言います。

パドックで出走各馬を先導する（または後ろにつく）誘導馬も、リトレーニングを受けて、大役を果たしているんです。

一度、頭の中をまっさらにして、乗用馬に必要なあれこれを教え込んでいく。これには、人の熱意と時間を要します。当然、費用も掛かるわけで、それをボクらは“ふるさと納税”でサポートすることが出来ます。

具体的な地名を挙げれば、北海道浦河町、石川県珠洲（すず）市、岡山県吉備（きび）中央町、高知県須崎市などへの“ふるさと納税”では、馬のために使ってと、用途を指定して寄付することが出来ます。機会があれば、ぜひ！

馬の療育

引退競走馬が、こんなに人のために役に立つんだということのひとつに、馬の療育“ホースセラピー”があります。

例えば、障がい者乗馬では、両肢に障がいを持つ人が馬に乗ると、その馬の歩くリズムが脳に伝わり、あたかも自分の足で歩いているかのように脳が錯覚。運動機能に刺激を与えてくれるそう。

また、介助者はもちろん付くのですが、出来る限り自分の力で馬に乗ろうと努めるため、筋力がアップすることも。

さらに、自閉症の子どもが大好きな馬とコミュニケーショ

NPO 法人ピスカリ提供

ンを取りたくて、馬に働きかける。すると、そのコミュニケーションのベクトルが、今度は人の方に向くようにもなると。

大会に出場するようになると、正装して馬に乗りますよね。気持ちも引き締まり、たくさんの拍手をもらうことで、自分が誇らしくもなり、心の育成に大きく寄与したなどの報告もあります。

他にも、馬糞を堆肥にして、マッシュルームを栽培している岩手県八幡平（はちまんたい）のジオファーム八幡平では、「老齢馬は、生きているだけでありがたい。食べて排泄してくれるだけで役に立つのですから」と関係者。

改めて、「馬ってすごいなぁ」と思いませんか？

NPO法人ピスカリ提供

まだある 競馬の楽しみ方

おわりに

ボクの実家は、都内の寿司店。経営していた父が、大の競馬好きでした。

週末は決まって、ＴＶの競馬中継でお客さんと盛り上がる。

でも、最後の直線に向いたあたりで「おとうさん…」と声を掛けようものなら、「うるさいっ。今、黙ってろ！」。いまならその気持ちもわからないでもないですが（笑）、当時は幼心に、「競馬なんて、無くなっちゃえばいいのに」と、真剣に思ってました。

そんなボクが競馬を仕事にさせてもらってるんですから、人生はわかりません（笑）。競馬は“ブラッドスポーツ（血の競技）”と言われますが、それって馬だけじゃなく、人においてもそうなんだなぁと、しみじみ思います。

大人になって、共通の話題が減っても、特に晩年の父とは、馬の話で繋がっていられた気がします。競馬には本当に感謝です。

馬は人の縁を繋ぎます。

大井競馬場のマスコミ招待の席で出会った、日本文芸社の松下さんと三浦さんに、「本当の意味での、初心者に向けた、競馬のガイドブックを出したいんです」と、頭の中にあった企画と、熱い思いを伝えたところ、「面白そうですね！　やりましょう」と、まさに二つ返事。おふたりを含め、たくさんの方々にご尽力を賜り、この本の完成に至りました。

本来なら、すべての皆さんのお名前を挙げたいところですが、あまりに多すぎて…。おひとり、おひとりに感謝申し上げます。ありがとうございました。

この本は、ボクが普段の講座でしゃべっていることを、そのまま文章にしたような、いわば“セルフ口述筆記”のようなもの(笑)。　書きながら、講義後すぐに、「競馬新聞って、どこで買えばいいんですか？」と、半ば頬を紅潮させながら言ってきてくれた受講生の皆さんの顔を思い浮かべ、同じように、この本を読んで下さった方が、競馬新聞を片手に、早く競馬場に行きたいと思って下されば、こんなにうれしいことはありません。

この、高尚で、難解で、時に理不尽な推理ゲームである競馬を、どうぞ趣味のひとつに加えてみて下さい。毎週末に楽しみが待ってるなんて、考えてみたら、贅沢なこと！　あなたの人生が、きっと豊潤なものになりますから。

次は競馬場でお会いしましょう！　ボクを見かけたら、お気軽に声を掛けて下さいね。

長谷川雄啓でした。それじゃ、また！

索引

著者紹介〉〉〉〉

JRAビギナーズセミナー講師

長谷川雄啓

Takehiro Hasegawa

東京都出身。早稲田大学商学部卒。
元グリーンチャンネルのキャスター。
卒業後は中央、地方を問わず、競馬場、ウインズ等のイベントに多数出演。
また、競馬ファンを増やすことをライフワークに、初心者のための競馬講座、REXS、ビギナーズセミナー等で講師を務め、「専門用語を使わずに競馬を教えることの出来る“競馬の伝道師”」との高い評価を受ける。
他にも、JRA Official YouTubeチャンネル内の『競馬初心者講座』で、監修とナレーションを担当。
JRAが配布中の『KEIBA Catalog』では“長谷川雄啓が教える競馬新聞の見方”を、長年に渡って掲載。
さらにレースのみならず、馬全般のイベントでMCを務めてきた結果、馬術、伝統馬事芸能、引退競走馬の取り組みなど、馬にかかわる幅広い知識を得る。
その一方で、音楽や映画にも明るく、FM NACK5を中心としたラジオパーソナリティとしてのキャリアは三十数年に。映画は年間150本以上の試写会に足を運んでいる。
交流関係も幅広く、中でも競馬のトップトレーナー、騎手、馬主から興味深い話をたくさん入手。独自のチャンネルからのエピソードは、競馬普及のためになることも多い。
常に新たな発見を求めて、今も精力的に活動を続けている。

協力・スタッフ

写真　JRAフォトサービス
株式会社産業経済新聞社
NPO法人ピスカリ
天野憲仁（日本文芸社）
イラスト　丸口洋平
デザイン・DTP　NOVO
カバーデザイン　田中國裕（トップスタジオ）
新聞協力　株式会社日刊競馬新聞社

自分（じぶん）で"勝（か）ち馬（うま）"を探（さが）せるようになる
改訂新版（かいていしんばん） 究極（きゅうきょく）の競馬（けいば）ガイドブック

2024年7月20日 第1刷発行

著　者　長谷川雄啓（はせがわたけひろ）
発行者　竹村 響
印刷所　株式会社光邦
製本所　株式会社光邦
発行所　株式会社日本文芸社
〒100-0003　東京都千代田区一ツ橋1-1-1 パレスサイドビル8F

Printed in Japan 112240711-112240711 Ⓝ 01（100019）
ISBN978-4-537-22226-5
URL　https://www.nihonbungeisha.co.jp/

（編集担当：松下）